Faire l'amour à un homme

Illustrations : Sally Bornot / IDE
Mise en pages : Élisabeth Boyer
© Marabout, 2009

SACHA FAUSTER

Faire l'amour à un homme

MARABOUT

Introduction

Passeport
pour le bonheur

Déterminée à récupérer l'attention exclusive de son séducteur de mari à l'occasion de leur dixième anniversaire de mariage, Nina met en pratique la technique *ad hoc* conseillée par Coco, sa masseuse.

Accroupie au-dessus de son mari stupéfait, les pieds posés de chaque côté, Nina s'efforce de tenir la position dite « de la brouette chinoise », qui consiste à asseoir à peine la vulve sur le bout de la verge de l'homme sans le toucher ni le frôler par aucun autre point de contact. Coco a bien recommandé : « Surtout, ne le touchez qu'avec votre sexe et gardez le rythme, c'est essentiel : sept pénétrations courtes et rapides, suivies de sept longues et lentes, et ainsi de suite jusqu'à ce qu'il demande grâce. Vous verrez, il n'en reviendra pas ! » Muscles des cuisses tétanisés, abdominaux tendus à craquer, Nina s'applique et s'acharne jusqu'à ce que son mari lui demande… non pas grâce, mais : « Enfin, Nina, qu'est-ce que tu comptes ? » Absorbée par l'envie de bien faire, elle récitait sans s'en rendre compte : « Un, deux, trois, quatre, cinq, six, sept et un, deux, trois, quatre… » Coco l'avait bien dit, il n'en est pas revenu ; plusieurs années après, il en rigole encore. Décourageant ? Oui. Désespérant ? Sûrement pas.

Cette mésaventure, nous l'avons toutes vécue, chacune à sa façon. Qu'on la surnomme brouette chinoise, pirouette alsacienne ou toupie danoise, toute femme espère secrètement trouver sa botte secrète, la technique imparable censée faire d'elle l'amante inoubliable. Or, presque à chaque nouvelle performance, le mâle jouit – c'est un mâle – mais sans en redemander. En plus, ces exercices de voltige sans filet laissent à la femme de bonne volonté la sensation pénible d'être seule à ramer, la vexation de n'être pas plébiscitée et le souvenir cuisant de crampes douloureuses quand l'homme prend son pied tandis qu'elle coince le sien entre deux lattes du sommier, à un rien de la foulure. « Pourtant je l'aime, je fais de mon mieux » C'est bien mais ça ne suffit pas. Une bonne connaissance de l'anatomie et des réactions sensorielles de l'autre et de soi optimise ce que votre imagination et votre émotion vous inspirent.

La vie sur Terre est intimement liée à la sexualité, elle-même indissociable des plaisirs : ceux qu'on se donne, ceux qu'on donne et ceux qu'on reçoit. Le plaisir explique et justifie les grands élans des individus vers d'autres, les stratégies mises en place pour les concrétiser, les rêves, les conquêtes, les sentiments, les joies, les bonheurs, les enthousiasmes, les projets… En plus d'évoquer tout un tas de choses agréables, le plaisir est sans doute le meilleur antidote contre les maux en tout genre. Les sécrétions hormonales provoquées par le plaisir, quel qu'il soit, favorisent un bon état général physiologique et psychologique. La science médicale reconnaît qu'un individu régulièrement nourri par le plaisir sexuel a toutes les chances de générer et de perpétuer du bonheur, et qu'un couple ainsi irrigué partage mieux et plus longtemps les joies d'une existence complice qu'un couple uni seulement par l'habitude et la raison.

C'est probablement pour maintenir les femmes en état de moindre joie, donc de moindre tentation, et s'assurer de ne pas transmettre biens et titres à d'éventuels bâtards, que les hommes leur ont interdit le plaisir. Voilà pourquoi jouir fut longtemps considéré comme un péché : « Ce soir, fermez les yeux et pensez à l'Angleterre » fut, approximativement, le terrifiant conseil reçu par la jeune reine Victoria au soir de ses noces. Excision pour celles-là, lapidation pour celles-ci, punition divine pour d'autres. Concevoir sans

Le plaisir explique et justifie les grands élans des individus vers d'autres, les rêves, les conquêtes, les sentiments, les enthousiasmes, les projets...

plaisir fut le lot de la grande majorité des femmes jusqu'au milieu du XXᵉ siècle. Sans plaisir, donc sans envie. Sans envie, donc sans talent. Fort heureusement pour nous, nos mères et grands-mères, lassées d'être troussées sans ménagement et engrossées sans repos par le chef de famille, ont bataillé pour nous laisser en héritage une liberté sexuelle chèrement gagnée. Trois générations seulement séparent le « Vous épouserez le prétendant que moi, votre père, j'ai choisi pour vous ! » du « Ton ventre t'appartient ; n'enfante que si tu le veux et, parmi tous les choix possibles, fais celui du bonheur parce que tu le vaux bien ». Saisissons et savourons cette chance !

Et, puisque le plaisir d'amour est un passeport pour le bonheur, la santé et la longévité, découvrons-en tous les rouages et les usages. Pour commencer, je vous convie à un voyage dans la plus stricte intimité.

1

Connais-toi toi-même

Objectivement, les grandes séductrices ne sont pas mieux que vous. Leur secret ? Ignorer leur pouvoir ou, au contraire, n'en pas douter et, connaissant leurs failles et leurs forces, accepter les unes et exploiter les autres. « Tout leur va » parce qu'elles évitent ce qui ne leur va pas. Candide ou avertie, la séduisante sourit à sa vie, à sa chance d'être unique, à l'image réfléchie par le miroir lorsqu'elle s'est parée au mieux. Ce sourire-là relève les faces les plus lugubres ; rien de tel qu'un visage confiant pour ravir ceux qu'il croise. « Elle est vraiment sexy », chuchote-t-on derrière elle. Qu'on en rougisse ou s'en réjouisse, « sexy » est un vrai compliment.

Le préfixe « sex » sous-entend de multiples rapprochements entre des principes mâles et des principes femelles, donc de multiples contacts entre des convexités et des concavités, enfin et fatalement de multiples interpénétrations. La sexualité suppose l'ouverture des corps et la confiance des esprits, même pour une étreinte sans lendemain. Mais comment devenir ouvert et confiant lorsque l'histoire familiale, les barrières psychologiques et les échecs sentimentaux font de soi une femme complexée, méfiante et frustrée ? Se rappeler qu'une seule vie nous est allouée et que nous ignorons la date d'expiration de ce contrat à durée indéterminée. Ça réveille!

Un petit tour au cimetière ou à l'hôpital suffit à devenir adepte du *carpe diem*. Tout ce qui vous y révulse peut survenir à chaque instant, donc SA-VOU-REZ l'immense chance d'être vivante et jouissez de tout ce que votre esprit et votre corps vous autorisent à faire!

SE PLAIRE POUR PLAIRE AUX AUTRES

Vous plaire à vous-même, c'est vous accepter telle que vous avez été programmée génétiquement; c'est refuser les diktats arbitraires et versatiles de la mode, des médias, des copines, des collègues. Au fait, pourriez-vous vous décrire telle que vous êtes ? Prenez enfin le temps de vous regarder vraiment. Demandez à un proche de vous filmer en situation ordinaire ou de vous photographier à votre insu, de dos, de profil, assise, debout, etc. Puis, sans complaisance mais avec bienveillance, regardez-vous vraiment en oubliant les « retouchées » des magazines. Parfaite, vous ne le serez jamais et c'est heureux car, si votre esthétique générale fait de vous une jolie femme, ce sont vos petits défauts qui font de vous la femme bouleversante et excitante dont votre homme a envie; il vous sait gré de dissimuler aux autres ce que lui seul aura le privilège de découvrir, donc de s'approprier.

C'est souvent par la vue que l'homme vous repère parmi les autres femmes et, s'il suffisait d'être exceptionnellement belle pour séduire, ça se saurait (souvenez-vous du film *Trop belle pour toi* de Bertrand Tavernier, 1989). Avoir moins de vingt-cinq ans, les jambes d'Adriana, la taille de Kate, les seins de Lolo et le sexe glabre d'une Lolita, ça fascine les autres femmes mais pas de quoi enflammer l'imaginaire des hommes… Oui, l'imaginaire, parce qu'avant de gonfler une braguette prometteuse, c'est dans le cerveau que le désir commence.

Tous les sens participent à la chasse de l'autre. Son ouïe s'émoustille au son de votre voix que d'autres trouvent rocailleuse. C'est votre propre marquage olfactif[1] qui emporte le mâle ou le déporte, pas Shalimar, First ou N° 5. C'est aussi le toucher, d'où l'intérêt de prendre soin de votre peau, sans excès cosmétique car c'est de votre épiderme qu'il se délecte, pas de votre lait corporel. Pour vous en convaincre, apprenez la prière de Michel Cymes : « Les parfums, lotions, crèmes, déodorants, shampooings, après-shampooings et autres produits de beauté féminine vous enveloppent d'un bouquet d'odeurs si variées qu'elles peuvent parfois nous dérouter… Un peu plus d'harmonie, de grâce[2] ! »

Si votre esthétique générale fait de vous une jolie femme, ce sont vos petits défauts qui font de vous la femme bouleversante dont votre homme a envie.

---

1. Les phéromones sont des substances odoriférantes émises par un individu qui induisent des modifications de comportement chez un individu de l'autre sexe.
2. *Dico féminin-masculin de l'amour*, Patricia Chalon et Michel Cymes, Marabout, 2006.

Rendez-vous avec votre corps. Vous connaître, c'est aussi découvrir ce qu'un homme voit de vous lorsque vous êtes à la merci des vilaines forces qui s'exercent sur vous (la lumière vive, l'attraction terrestre, la pesanteur) et de celles qui vous valorisent (son regard amoureux, ses caresses, la lueur des bougies). Prenez rendez-vous avec vous-même pour une passionnante visite de vos coins et recoins. Choisissez une journée absolument tranquille et débranchez le téléphone. Placez-vous devant un grand miroir en imaginant qu'un amoureux inconditionnel vous observe de l'autre côté. Tout ce que vous êtes l'enchante, chaque parcelle de votre corps et chacun de vos gestes le bouleversent et, suprême confort, il ne racontera à personne ce qu'il voit de vous. Déshabillez-vous en toute liberté, simplement ou en jouant à la vamp selon ce que vous souhaitez offrir à ce regard imaginé. À mesure de cet effeuillage, approchez-vous de votre image jusqu'à voir de près votre nudité.

Vos seins, en premier lieu. Comment les trouvez-vous ? Est-ce que, « wonderbrassés », soulevés par les bretelles, ils craignent de se montrer tels qu'ils sont, modestes et timides ? À moins que, rassemblés, compressés par un soutien-gorge sévère à larges bretelles, ils appréhendent l'instant de se répandre dans leur ptôse généreuse… Sauf cas exceptionnel d'hyper ou d'hypotrophie, quelles qu'en soient la forme, la couleur, l'asymétrie, gardez à l'esprit que votre poitrine est unique au monde, assortie à votre buste, à la forme de vos épaules, à ce que votre dos peut supporter, aux mouvements de vos bras, à votre visage, etc. La

Fragiles, sensibles, réactifs, vos seins racontent votre vie de femme et matérialisent une zone érogène de première importance.

meilleure chirurgie mammaire du monde ne fera pas de Jane Birkin une Sophia Loren, de Clémentine Célarié une Kate Moss ni de vous une autre. Oubliez un moment les seins dont vous rêvez pour contempler enfin ceux dont vous êtes dotée et qui méritent votre bienveillante attention. Fragiles, sensibles, réactifs, ils racontent votre vie de femme et matérialisent une zone érogène de première importance. Malgré leurs variations de poids, de volume, de couleur et de forme, les seins demeurent à tout âge un symbole de générosité et de douceur rassurante. Mais assez parlé d'eux ; il est temps de descendre…

Sous la toison pubienne. Vous contemplez maintenant ce qui, depuis des millénaires, attise les regards mâles et assure la pérennité de l'espèce, ce que Georges Brassens baptisa « ce morceau de roi de votre anatomie[1] » et Léo Ferré « cette touffe de noir Jésus[2] ». Le velours qui termine joliment le bas de votre ventre vous apparaît maintenant sous un jour différent. (Ici aussi, la complémentarité homme-femme s'affiche clairement : votre fourrure est un triangle pointe en bas, celui des hommes est pointe en haut.) Douillettement renflé, même chez les femmes très minces, ce coussin amortit les amoureuses ruades lors de la pénétration.

L'homme du miroir attend et espère voir ce que dissimulent ces poils. Si vous vous tenez debout, posez un pied sur une chaise ; si vous êtes assise, ouvrez largement les jambes afin de contempler ce que vous considérez chaque

---

1. *Le Blason*, paroles et musique de Georges Brassens.
2. *C'est extra*, paroles et musique de Léo Ferré.

jour comme un simple coin à nettoyer avec soin[1] avant de le protéger par un gousset de coton.

Sous la toison pubienne, les grandes lèvres s'entrouvrent sur deux petites lèvres glabres, ainsi nommées à cause de leur ressemblance avec celles de la bouche. D'une femme à l'autre, la dimension et l'aspect de cet ensemble sont variables : mont-de-vénus proéminent, moyen ou fuyant, vulve majestueuse à grandes lèvres très développées dissimulant complètement les petites lèvres ou, au contraire, vulve enfantine à grandes lèvres très fines et laissant les petites lèvres apparentes. Les petites lèvres peuvent être simplement juxtaposées ou présenter un aspect volanté. La symétrie de l'ensemble est très approximative ; quelle que soit l'allure générale de votre sexe, ne vous alarmez pas inutilement. Tant de variantes confirment à chacune qu'elle est unique au monde. Toutefois, si votre anatomie diffère énormément de ce que vous voyez sur les magazines et aux douches de la salle de sport, au point de vous accabler physiquement et psychologiquement, consultez votre médecin ou votre gynécologue, seuls habilités à vous suggérer une prise en charge chirurgicale (voir « La chirurgie sexuelle réparatrice et esthétique », p. 181).

Malgré son apparence modeste, le clitoris est le plus merveilleux cadeau que vous a fait la nature, puisque ce petit organe est le seul destiné exclusivement au plaisir.

---

1. Avec soin mais pas avec frénésie car les injections répétées de solutions à usage interne sont catastrophiques pour la flore vaginale qui ne peut plus remplir son rôle protecteur.

Si, au cours de cette contemplation, vos petites lèvres deviennent rouges, c'est peut-être de confusion, c'est certainement d'excitation. De contempler « l'origine du monde » vous trouble et provoque un afflux de sang dans cette zone. Vous pouvez enfin voir ce qu'un homme voit de vous quand vous le désirez ! Ces plis et replis de chair qui suscitent en vous une indifférence étonnée mettent dans tous ses états l'homme caché derrière le miroir…

Poursuivons l'autovisite encore plus près du miroir : jambes très ouvertes et repliées, vous pouvez voir l'orifice vaginal par l'ouverture des petites lèvres et, tout en haut, recroquevillé sous son petit capuchon de muqueuse rose, le bouton magique déclencheur d'extase : le clitoris. Malgré son apparence modeste, il s'agit là du plus merveilleux cadeau que vous a fait la nature, puisque ce petit organe est le seul destiné exclusivement au plaisir. Familiarisez-vous avec votre joyau, apprivoisez-le ; découvrez et apprenez l'usage de ce merveilleux moyen de transport direction le septième ciel.

Une autre porte pour le plaisir. Au sud, après une petite zone de peau sensible et réactive appelée « périnée », vous entrevoyez votre orifice anal. En plus d'autoriser l'évacuation des déchets organiques, cette gracieuse rosette richement pourvue de terminaisons nerveuses hautement sensitives est une autre porte ouverte sur d'autres plaisirs. La simple idée qu'un homme s'en approche vous fait serrer les fesses ? À toutes fins utiles, apprenez que, lorsque la digestion est satisfaisante, que l'évacuation s'effectue sans souillure, cet orifice-là est moins pollué que votre bouche (des médecins affirment que les germes sont trois fois plus développés dans la bouche que dans l'anus). D'ailleurs, il ne s'en exhale aucune odeur rebutante.

L'explorer avec un ou deux doigts vous permettra d'en apprivoiser les réflexes. Par définition, la stimulation de l'anus suscite naturellement une réaction péristaltique d'expulsion. Conçu et programmé pour évacuer le matériau que l'on sait, l'anus doit être apprivoisé et reprogrammé patiemment. En prévision d'une séance amoureuse particulièrement audacieuse, il importe d'entraîner ce délicat orifice à se laisser pénétrer sans riposter intempestivement. Les premières tentatives d'incursion contrarient ce muscle orbiculaire, qui se venge *in petto* par un spasme constricteur douloureux pour la verge visiteuse, puis par des flatulences et, si l'intrus s'obstine, par une stimulation immédiate de l'action excrétoire, toutes choses démotivantes pour les deux partenaires. Donc, l'introduction régulière d'un doigt ou d'un fin godemiché facilitera, le cas échéant, l'introduction d'un authentique pénis et vous évitera bien des désagréments. Dans le roman *Histoire d'O*[1], l'anus d'O est ainsi soumis à un savant dressage…

Pourvu de terminaisons nerveuses hautement sensitives, l'orifice anal est une autre porte ouverte sur d'autres plaisirs

La visite s'achève. Appréciez-vous suffisamment l'ensemble pour le présenter sereinement à l'homme réel que vous y convierez ? Ça viendra.

---

1. *Histoire d'O*, Pauline Réage, Éd. Jean-Jacques Pauvert, 1954.

P laisir bien ordonné commence par soi-même. La lecture des lignes précédentes vous a échauffé les sens ? Offrez-vous donc un peu de plaisir avant de reprendre vos activités habituelles, vous n'en serez que plus sereine et performante. Vous hésitez encore ? Pourtant, si la mémoire de votre petite enfance vous revenait, vous découvririez que ce sain exercice occupait une grande place dans votre vie sans interdits. Lorsqu'un événement quotidien vous laisse perplexe, c'est sans état d'âme que vous passez vos doigts dans vos cheveux ; quand une piqûre d'insecte vous agace, vous la frottez sans pour autant filer vous en confesser et, quand vous avez soif, vous vous désaltérez.

Quand vous avez soif, vous vous désaltérez. Alors, quand votre sexe a faim de gentillesse, au nom de quel principe devrait-il jeûner ?

Alors, quand votre sexe a faim de gentillesse, au nom de quel principe devrait-il jeûner ? « Moi, le sexe, c'est pas mon truc », prétendez-vous. Ah oui ? À moins d'une accidentelle insensibilité de cette zone, votre sexe fourmille potentiellement de joies bien supérieures à celles par lesquelles vous compensez leur absence. Pas une confiserie ne vous emmènera aussi loin ni aussi vite qu'un orgasme solitaire. Et, pour les malchanceuses qui vivent avec un homme sans talent, ce plaisir solitaire est mieux qu'un substitut ; il est la solution, l'antidote aux fâcheries, l'outil de l'indulgence nécessaire au maintien d'une bonne relation.

Le simple fait de lire ou d'entendre les mots « masturber », « onanisme » ou « plaisir solitaire » vous couperose de honte ? Inventez votre vocabulaire personnel pour penser et prévoir ces instants de bien-être ; dédramatisez l'acte en le rebaptisant. La rudesse phonétique de « Je vais rentrer pour me masturber » vous rebute ? Alors songez : « J'emmène mon corps à la fête… » Quant à la honte, dites-vous que cette première réaction est celle de la plupart des femmes avant d'y avoir goûté. La gêne suscitée par son évocation peut être comparée à celle d'une boulimique dérangée par une tierce personne en pleine crise d'engloutissement. Pas moins, pas plus. Ce qui gêne surtout, c'est d'imaginer que les autres puissent deviner nos ressorts secrets puisque, précisément, nous avons été éduquées, formatées pour devenir lisses, irréprochables. Rassurez-vous, ces autres succombent aux mêmes tentations, depuis le chou à la crème mousseline recouvert de caramel croquant jusqu'aux délices masturbatoires, en passant par le petit verre de Porto ou le demi pression. Ces autres-là appartiennent à toutes les classes sociales, à toutes les religions, à toutes les cultures. D'ailleurs, il semble bien que la pratique masturbatoire augmente en proportion de la pratique culturelle. Est-ce d'avoir eu l'esprit ouvert à toutes choses dans l'enfance qui permet ensuite à l'adulte de s'ouvrir à son corps ?

Est-ce d'avoir eu l'esprit ouvert à toutes choses dans l'enfance qui permet ensuite à l'adulte de s'ouvrir à son corps ?

Parmi la faible proportion des femmes qui, le front ceint de la blanche couronne des impelotables pures et dures, assurent n'y avoir jamais pensé, il y a sans doute de vieilles filles demeurées vierges par isolement géographique ou sacerdoce familial, des déficientes sérotoniques, des pincées de la dopamine, des malchanceuses… Il y a surtout de sacrées menteuses !

L'enfance puis les prémices de la puberté excitent notre curiosité. Avant même que nos mères pensent à nous l'interdire, nous observons nos camarades d'école.

Habitués à jouer avec leurs attributs dès que leurs bras sont assez longs, les petits garçons les exhibent sans vergogne et se masturbent assidûment aux moments des prémices pubertaires. Pour eux, l'activité sexuelle est d'abord vécue comme une activité sportivo-hygiénique, indépendamment d'un quelconque sentiment. En revanche, alors qu'elles se livrent à la masturbation pendant la toute petite enfance, les filles rechignent à soulever leurs jupes en public en prenant conscience de leur corps, aidées en cela par le dissuasif discours maternel. Elles ne reprennent « l'entraînement » qu'après leurs premières expériences sexuelles avec des garçons, comme si le sexe restait longtemps indissociable de l'idée amoureuse ; l'imaginaire se substitue aux plaisirs physiques.

L'enfance puis les prémices de la puberté excitent notre curiosité. Avant même que nos mères pensent à nous l'interdire, nous observons nos camarades d'école.

C'est à l'école primaire que les filles se livrent aux séances comparatives avec leurs « meilleures copines ». Curiosité d'autant plus naturelle que, leurs organes sexuels étant internes, elles ont du mal, seules, à les identifier, à se les approprier autrement que par l'intermédiaire d'un miroir. Aux abords de la puberté, inquiètes et fascinées par les transformations de leur corps, elles furètent à la recherche de modèles. Petit Larousse, pages lingerie des catalogues, films érotiques à la télévision (quand les parents dînent à l'extérieur et que la baby-sitter dort profondément), œil au trou de serrure de la salle de bains… tout est bon pour voir comment les autres sont faites et s'assurer qu'on est normale. Aussi vertueuses que soient devenues certaines, toutes se sont plus ou moins explorées, seules ou en compagnie de la bonne copine du moment. L'une propose pudiquement : « Si on jouait à la malade et à l'infirmière ou au papa et à la maman », et les autres participent à tout autre jeu de rôle prétexte à se déshabiller, à se toucher, bref, à expérimenter ce dont la nature les a dotées. Que cette exploration les ait ravies ou dégoûtées, elles s'y sont adonnées, et les émotions ressenties alors peuvent avoir été intenses au point de nourrir certains fantasmes de l'âge adulte.

De nombreuses femmes reconnaissent avoir recours aux images troublantes de leur enfance ou de leur adolescence pour parvenir à un orgasme.

Eh oui ! Allongées chez le psy, agenouillées dans le confessionnal ou appliquées à répondre à un questionnaire de magazine du type « Quelle amante êtes-vous ? », de nombreuses femmes reconnaissent avoir recours aux images troublantes de leur enfance ou de leur adolescence pour parvenir à un orgasme. Même pendant l'étreinte la plus passionnelle et fusionnelle avec l'homme aimé, il est fréquent, au moment de basculer dans la « petite mort » de la jouissance – surtout lorsqu'elle se fait attendre – de revivre en pensée un jeu amoureux partagé avec la petite voisine de l'immeuble.

Faut-il en parler ? Non, et surtout pas à votre homme. Pourquoi ? D'une part, parce qu'un fantasme verbalisé perd de son efficacité. D'autre part, pas un humain au monde ne peut entendre ce genre de confession sans se sentir dépossédé : « Finalement, ce n'est pas moi qui lui fais cet effet-là ;

quand elle ferme les yeux, elle pense à quelqu'un d'autre. »
C'est le plus sûr moyen de faire perdre à votre partenaire
toute sa confiance en lui. Que ressentiriez-vous s'il avouait :
« C'est toi que j'aime mais, pour bander, j'ai besoin d'imaginer le décolleté de l'ancienne
boulangère de ma mère quand
elle se penchait sur les brio-
ches. » Donc, ne racontez jamais
vos fantasmes ! Au contraire, pré-
servez-les, nourrissez-les en éla-
borant le scénario chaque fois
que vous en avez besoin, notamment lorsque vous vous apprêtez
à vous masturber ; soyez secrètement créative. Quoi, « le grand
amour » ? Ne mélangez pas tout.
Bien sûr, certaines femmes ont
la chance de vivre un quotidien

*Substitut appréciable
en cas de fatigue
du partenaire,
de déplacements
professionnels, de
désaccord passager ou
de problèmes médicaux,
la masturbation est un
bon adjuvant à la vie
sexuelle du couple.*

en tous points enchanteur auprès de leur homme, mais ce
livre s'adresse à vous qui avez envie de le lire, donc besoin
d'apprendre, de découvrir ou de parfaire votre sexualité.

À celles que ce paragraphe n'aurait pas encore décul-
pabilisées et qui craignent de courroucer les dieux, voici
de quoi légitimer la masturbation : sa pratique régulière
favorise le sommeil, régule la tension nerveuse, accélère le
métabolisme, donc prévient le surpoids et les pathologies
qui en découlent, assure une vie sexuelle plus épanouie et
plus durable dans le couple. Une enquête[1] rapporte que

---

1. Enquête réalisée en 1994 aux États-Unis par Robert T. Michael,
Stuart Michaels, Edward O. Laumann et John H. Gagnon.

les individus qui se masturbent plus d'une fois par semaine éprouvent l'orgasme presque systématiquement. Ceux qui vivent en couple se masturbent moins souvent que les célibataires, mais beaucoup continuent à pratiquer après s'être unis. Substitut appréciable en cas de fatigue du partenaire, de déplacements professionnels, de désaccord passager ou de problèmes médicaux, la masturbation est un bon adjuvant à la vie sexuelle du couple.

Les femmes qui vivent seules trouvent dans sa pratique un moyen naturel d'apaiser leurs angoisses, donc d'être plus disposes avec leurs proches et leurs collègues, et sensiblement plus performantes physiquement et intellectuellement.

Le ralentissement de l'activité sexuelle est naturel aux abords de la ménopause, puisque l'imprégnation en hormones femelles s'amoindrit. Toutefois, nos aînées sont nombreuses à s'adonner à la masturbation pour « entretenir la machine », préserver l'élasticité des muscles (intimes et autres) et l'éclat de l'épiderme et des muqueuses. Celles-là semblent disposer d'un capital de vitalité optimal… Origine ou conséquence de la masturbation ?

Au commencement d'une relation amoureuse, le fait de s'offrir aisément des plaisirs orgasmiques rend plus apte à guider un nouveau partenaire sur la carte du Tendre.

Une brève mais satisfaisante parenthèse masturbatoire garantissant plusieurs heures de bonne humeur (l'antidote à la dépression), on pourrait suggérer qu'elle est une mesure de salubrité personnelle et publique, autant dire un devoir ! Déjà enseignée en séminaires, qui sait si sa pratique ne sera pas un jour prescrite par les médecins, voire imposée par la Sécurité sociale ?…

Au commencement d'une relation amoureuse, le fait de s'offrir aisément des plaisirs orgasmiques, donc d'être « réjouissables », rend plus apte à guider un nouveau partenaire sur la carte du Tendre, donc à le rassurer sur ses performances. Si c'est important ? Et comment! L'immense majorité des hommes affirme que c'est le plaisir exprimé par leur partenaire qui leur fait atteindre l'acmé orgasmique.

D es **masturbations sur mesure.** Oui, des masturbations au pluriel, car il appartient à chacune de découvrir ce qui lui fait le plus de bien. Le seul danger étant que cette exquise pratique finisse par aboutir à la paresse sexuelle et à l'oubli du partage si l'on y puise plus de satisfaction que dans un corps à corps avec le partenaire habituel.

Les préparatifs. Choisissez un temps et un lieu particuliers où vous êtes à l'aise sans crainte d'être dérangée. Le froid ayant un effet vasoconstricteur contraire à la vasodilatation recherchée, veillez à ce que la pièce soit correctement chauffée. Optez pour la tenue de votre choix : nudité complète, peignoir ou lingerie sexy si vous avez envie d'imaginer, dans un miroir, être une autre qui vous fera ce pourquoi vous êtes là.

Pour ce qui est de l'outillage, commencez par ce dont la nature vous a pourvue : deux bras justement assez longs pour atteindre vos zones érogènes, deux mains fort habiles à dénouer les tensions, inventorier les zones les plus réactives, dix doigts pour fouiller votre corps et en explorer les cachettes secrètes. Si en état amoureux vos organes internes sécrètent naturellement la glaire indispensable à la pénétration d'un organe sexuel masculin, le déclenchement de cette sécrétion risque d'être plus lent lorsque vous êtes seule sans émotion particulière. Donc, versez un bon lubrifiant à base d'eau[1] dans une coupelle à portée de main.

Pour favoriser les contacts de vos mains sur le reste du corps, préférez une huile végétale naturelle et pauvre en essences de plantes, qui peuvent être irritantes[2] (préférez l'huile de sésame ou l'huile d'argan). Pensez également à protéger la literie, la moquette ou tout autre surface sur laquelle vous vous installerez, car certains orgasmes s'accompagnent d'un écoulement de glaire mêlée au lubrifiant, voire d'une émission quasi spermatique comme nous le verrons plus loin.

À présent, assortissez l'environnement à votre humeur : éclairage réduit, musique, recueil de poésies érotiques, bande dessinée suggestive… Toutes choses susceptibles de vous conditionner favorablement.

Apprivoisez tout votre corps. Vous masturber, c'est, en quelque sorte, vous faire l'amour. Quand vous aurez apprivoisé votre corps, décelé vos zones réactives, ciblé parmi

---

1. Évitez les lubrifiants qui contiennent de la vaseline, dont les effets peuvent être très désagréables sur les muqueuses. Préférez un gel de bonne qualité, à base d'eau, car, si vous parvenez au bord de la jouissance, il serait dommage de passer à côté à cause d'un dessèchement prématuré de la zone excitée. En plus, ces gels ne tachent pas.
2. Evitez le lait corporel : trop pénétrant, il ne glisse pas assez longtemps et, s'il contient de la lanoline, il peut se révéler allergénique, surtout sur les muqueuses. Fuyez les pommades et lotions prétendues aphrodisiaques proposées dans les sex-shops ; leur composition peut être dangereusement fantaisiste.

celles-ci les plus érogènes donc les plus susceptibles de vous mener rapidement à un orgasme, vous ferez l'impasse sur les préliminaires pour aller « droit au but ». Pour l'heure, timide néophyte, appréhendez-vous comme le ferait un tout nouvel amant, c'est-à-dire lentement, progressivement, sans chercher d'emblée une satisfaction finale. Commencez par vous enduire généreusement les mains avec de l'huile corporelle et effleurez-vous tout le corps rapidement, avec légèreté, que l'huile ne vienne pas à manquer. À la façon des masseurs professionnels, veillez à garder toujours au moins une main en contact avec votre peau (les interruptions sont démobilisatrices pour vos terminaisons nerveuses). Vos manœuvres doivent être d'abord lentes et régulières pour passer de la nervosité à la tranquillité. L'huile transforme vos mains en outils très doux, désormais capables d'offrir de subtiles caresses à ce corps dans lequel vous vivez sans vraiment le connaître.

Timide néophyte, appréhendez-vous comme le ferait un tout nouvel amant, c'est-à-dire lentement, progressivement, sans chercher d'emblée une satisfaction finale.

Commencez par vos pieds : main gauche pour le pied gauche, main droite pour le pied droit, massez les petits orteils un par un jusqu'au gros orteil. Pétrissez ensuite vos plantes de pieds en songeant qu'elles vous portent tous les jours, puis vos chevilles jusqu'à sentir à la fois un réel apaisement et l'envie de masser la jambe jusqu'au genou. L'arrière du genou est très sensible ; amusez-vous en le massant fermement d'abord puis très légèrement... Une impatience germe au centre de votre corps ? Toujours en gardant le contact de paume à peau, effleurez superficiellement vos cuisses et votre ventre, puis massez-vous les mains l'une contre l'autre comme si vous les savonniez, puis vos avant-bras jusqu'aux saignées des coudes et enchaînez sur l'arrière des bras jusqu'aux aisselles. En se croisant sur votre poitrine, vos avant-bras sensibilisent déjà vos seins mais vos mains, doucement, remontent de vos aisselles vers l'arrondi de vos épaules avant de se rejoindre au-dessus de votre poitrine. Là, vos mains se séparent, remontent vers votre nuque et passent dans vos cheveux avant de revenir sur vos oreilles, votre visage puis votre cou.

Apprivoisez vos seins. Richement innervés, vos seins sont une zone érogène d'importance. Oubliez vos griefs contre leur taille ou leur allure ; pensez seulement qu'ils sont la parure féminine par excellence. Opulents ou minuscules, jeunes ou fatigués, vous détenez là de quoi faire rêver bien des hommes ; cela justifie de les considérer avec bienveillance.

> *Opulents ou minuscules, jeunes ou fatigués, vos seins ont de quoi faire rêver bien des hommes ; cela justifie de les considérer avec bienveillance.*

Après avoir caressé votre visage, votre cou et votre décolleté, vos mains effleurent en mouvements circulaires l'extérieur de vos seins, d'abord très légèrement puis de plus en plus profondément, en rétrécissant petit à petit leurs mouvements jusqu'aux aréoles. Vos seins répondent aux chaudes caresses tandis que vos mains réagissent à la tendre plénitude de ces seins qu'elles contournent et enferment. Jouez avec vos mamelons comme vous souhaiteriez qu'un homme le fasse : doucement d'abord, puis en les pinçant plus fermement, jusqu'à ce qu'ils durcissent et se redressent. Vous vous sentez plus

« habitée », mieux rassemblée en quelque sorte ; la gêne du début cède la place à une sensation nouvelle, vous vous appropriez vraiment ce corps que vous pensiez connaître. Effleurez une dernière fois vos seins largement puis faites glisser vos mains légèrement sur votre ventre, descendez-les jusqu'à votre taille et joignez-les dans votre dos.

Apprivoisez vos fesses et votre bas-ventre. Insistez bien dans la cambrure ; effacez-en les fatigues accumulées, puis massez gentiment vos fesses. Au diable la cellulite qui vous navre d'ordinaire ; c'est le moment de vous centrer sur le formidable bien-être qui vous gagne. Massez, pétrissez, pincez et griffez ces fesses jusqu'à ressentir, au fond de vous-même, une sourde envie d'aller plus avant. Enfin, très lentement, glissez jusqu'au bas-ventre. Une main toujours posée sur vous, prenez dans l'autre une grosse noix de gel lubrifiant et enduisez-en généreusement votre sexe. Explorez doucement votre vulve, d'abord superficiellement puis passez aux caresses, pincements et frictions. Laissez-vous guider par votre corps déjà bien échauffé.

Apprivoisez votre clitoris. Bien caché sous son capuchon mais déjà averti de vos intentions par un réseau neuronal complexe, le clitoris attend ce que, implicitement, vos mains lui ont promis. Sa sensibilité est telle que, avant même le plus léger attouchement, il va réagir au simple contact de l'air. Pour cela, posez de part et d'autre du vestibule l'index et le majeur de votre main gauche si vous êtes droitière, de votre main droite si vous êtes gauchère. En maintenant ainsi les deux grandes lèvres bien ouvertes, appuyez dessus et remontez-les vers votre ventre, de façon à dégager déjà un peu le capuchon, et ne les lâchez pas. De votre main libre, lubrifiez à nouveau si besoin la zone vulvaire, mais sans toucher tout de suite le clitoris. Sentez-vous comme il se redresse, ce minuscule pénis dont la nature vous a heureusement dotée ?

Ne vous hâtez pas à le décalotter complètement. Lorsque vous vous sentez prête, c'est-à-dire fourmillante d'impatience, massez-le affectueusement, le plus légèrement possible, jusqu'au premier orgasme. Dès que la vague de plaisir prend de la force, le clitoris devient sensible jusqu'à la douleur; ne le malmenez pas, car vous ne pourriez plus y faire appel avant deux ou trois jours! Si le vôtre est facilement douloureux sous vos doigts, apprenez à le stimuler par l'intermédiaire des grandes lèvres. Pour cela, posez l'index et le majeur de la main directrice de part et d'autre de la vulve entière et maintenez les grandes lèvres refermées par-dessus les petites lèvres. Imprimez aux grandes lèvres un mouvement suffisamment fort et ample pour solliciter le bouton magique. Ainsi massé par la muqueuse très fine des petites lèvres, elles-mêmes entraînées par le mouvement des grandes, votre clitoris, non seulement ne souffrira pas du frottement, mais il vous rendra en plaisir surmultiplié vos délicates attentions!

Dès que la vague de plaisir prend de la force, le clitoris devient sensible jusqu'à la douleur; ne le malmenez pas, car vous ne pourriez y faire appel avant quelques jours !

S'il s'agit de votre première expérience, vous n'avez pas encore l'habitude de ces sensations et, même si vous avez su vous faire du bien, vous vous demandez : « Est-ce que c'est ça, un orgasme ? » Vous pouvez vous en assurer si, d'une part, le plaisir que vous vous êtes donné vous a apaisée et si, d'autre part, vous avez senti des spasmes vaginaux. Ces spasmes, qui ne durent que quelques secondes, sont perceptibles au toucher et visibles à l'œil nu devant un miroir. Ils s'exercent sur la paroi sud de l'entrée de votre vagin, c'est-à-dire la zone la plus proche de l'anus.

Certaines verront peut-être jaillir de leur vagin un jet de liquide imprévu, donc inquiétant… Rassurez-vous, ce n'est pas une crise d'incontinence, même si ce liquide comporte des substances identiques à celles contenues dans l'urine (mais très diluées). Ce jet translucide peut être, selon les femmes et les circonstances, imperceptible ou très puissant, inodore, parfumé ou malodorant, avoir un goût suave, salé, acide ou âcre (pourquoi ne pas goûter vous-même ce qu'un homme lèchera de bon cœur ?). S'il vous arrive ainsi, à l'issue d'une pause masturbatoire, d'éjaculer pour la première fois devant un miroir, vous risquez le fou rire ou la panique. Riez sans inquiétude ; sans doute êtes-vous une « femme-fontaine » (que les jeunes garçons fuient mais que beaucoup d'hommes adorent).

Les terminaisons nerveuses ont besoin d'un peu de temps pour enregistrer les sensations, les accepter, puis les traduire en plaisir.

En revanche, si ce premier rendez-vous avec votre corps vous a déçue, ne baissez pas les bras (si je peux dire). Les terminaisons nerveuses du clitoris ont elles aussi besoin d'un peu de temps pour enregistrer les sensations, les accepter, puis les traduire en plaisir. Pour vous en convaincre, il suffit de vous souvenir de votre première gorgée de vin… Vos capteurs olfactifs, vos papilles gustatives et votre palais, plus habitués au diabolo-grenadine, en avaient été tout perturbés. Pourtant, petit à petit, vos sens se sont civilisés. Alors, persévérez! Votre clitoris ne demande qu'à être apprivoisé.

Apprivoisez votre vagin. À présent que votre clitoris et vous êtes en bons termes, il importe de faire connaissance avec votre vagin, qui recèle lui aussi des trésors de sensations. Concernant le lieu, le moment et l'atmosphère, les préparatifs sont les mêmes. Après vous être cajolée par de douces caresses sur tout le corps, au lieu de vous attarder sur votre clitoris, vos doigts vont aller explorer votre vagin. Si vous ne vous êtes encore jamais livrée à cet exercice, vous découvriez une sorte d'étui chaud et humide d'environ 8 cm de profondeur, presque complètement refermé au fond par le col de votre utérus. Le vagin est très souple; il peut se dilater beaucoup, en largeur comme en longueur, pour laisser entrer à peu près toutes les tailles possibles de verge. Vos doigts vont patiemment explorer, appuyer, frotter la paroi de cette niche à bonheur, jusqu'à rencontrer, sur la face antérieure (c'est-à-dire la zone située juste sous l'abdomen), un léger renflement très sensible au toucher. C'est le point G (ainsi nommé depuis les années 1950 pour célébrer son génial découvreur, le Dr Graffenberg). Si vous recourbez votre médius, vous pouvez immédiatement stimuler ce point et, très rapidement, parvenir à un orgasme vaginal intense, ce qui vous permet en même temps de vérifier, grâce aux spasmes de la paroi antérieure de l'entrée du vagin sur le dos de votre main, qu'il s'agit bien d'un orgasme.

Avec un peu d'expérience, apprenez à ne pas céder trop vite à l'appel de ce point; efforcez-vous de serrer et de relâcher en rythme les muscles pelviens. D'abord, cela permet de les maintenir en bon état de marche; ensuite, cela vous évitera, quand vous serez une vieille dame, des désagréments tels que l'incontinence urinaire et une invalidante descente d'organes. Enfin et surtout, ces exercices provoquent une excitation importante et fort appréciable pour vous, bien sûr, mais aussi pour votre partenaire. Le renforcement de la musculature orbiculaire vaginale, en rétrécissant le vagin, donne à l'homme la sensation agréable d'y pénétrer chaque fois comme si c'était la première fois. Le fantasme de la vierge est persistant dans l'imaginaire masculin…

Inventez, innovez, amusez-vous. Vous seule pouvez ressentir ce qui vous correspond parfaitement. Certaines préfèrent des manœuvres fortes et rapides ; d'autres aiment mieux un rythme lent et des pressions douces. Vous expérimenterez d'autres circonstances : sur le lit, dans la baignoire, sur le tapis ou sous la douche. Vous prendrez d'autres postures : allongée à plat ventre sur un oreiller, sur le côté en chien de fusil, sur le dos jambes ouvertes ou repliées, ou encore debout, votre mont-de-vénus en appui contre un coin de table, etc. La pratique régulière de la masturbation vous donnera de l'assurance – jusqu'à l'audace, qui sait ?

Amusez-vous ! Lancez-vous des défis comme celui de vous masturber en public, mais à l'insu de tous : assise dans un café, au cinéma, dans un taxi… La perspective d'être prise en flagrant délit, pour hautement improbable qu'elle soit, paralyse certaines et en excite d'autres. La sensibilité épidermique de votre sexe dépendra de la tenue vestimentaire adoptée. Certaines adorent ne rien porter sous une jupe ample, pour sentir l'air et les caresses d'un tissu souple contre leurs jambes et sur leur vulve : plus nombreuses que vous ne l'imaginez sont les femmes qui ne portent pas de culotte[1]. Votre chef de service, toujours stricte dans son tailleur en drap de laine, la gestionnaire de votre compte bancaire, l'employée du centre des impôts… Comment pouvez-vous affirmer que ces femmes respectables et respectées portent de grandes culottes en coton et de sévères soutiens-gorge de matrone ? Un clitoris bien disposé peut se contenter de discrets frottements de vos doigts sur le denim d'un jean.

POUR CONNAÎTRE L'AUTRE

Déniaisée par vous-même, instruite de ce qui, en vous, vous fait du bien, il est temps d'apprendre comment l'autre est constitué, ce qui, dans sa nature, le prédispose à ceci plutôt qu'à cela.

« Les hommes sont tous pareils : on baise d'abord, on cause après. » Oui, tous. Simplement, ceux qui savent ce que vous pensez d'eux tentent de vous convaincre du contraire. N'oubliez jamais que, si les hommes sont effectivement beaucoup moins diversifiés que les modèles de voitures, chaque mâle est persuadé d'être unique, surtout pour vous. Ne l'en dissuadez jamais.

Vous avez la chance de tomber sur l'un de ces « uniques », un qui ne vous culbute pas d'emblée sur le capot de la voiture et ne déplie pas son futon avant même que vous ayez trempé vos lèvres dans le verre d'apéritif ? Ne vous y trompez pas : s'il vous parle des différentes chances

---

1. Toujours dans *Histoire d'O*, René impose à O de rester nue sous sa jupe. Faites-en l'expérience…

des candidats aux prochaines élections tout en regardant vos genoux du coin de l'œil, profitez d'une pause dans sa phrase pour laisser vos yeux se troubler et dire d'une voix changée : « J'ai très envie de vous. »

En revanche, s'il semble faire partie du lot des « tous pareils », c'est peut-être que sa dernière partenaire n'était pas attentionnée. À vous de lui enseigner les petites ficelles de la cabriole princière! Oubliez les préjugés et les idées reçues. Bienveillante et attentive, écoutez les hommes en toutes occasions : chez vous, chez les autres, dans le métro, au marché, au café, à la télévision; lisez ce qu'ils écrivent à propos de vous ou à votre usage (journalistes, écrivains, poètes, auteurs de théâtre, scénaristes, etc.). Vous découvrirez ce qu'ils préfèrent en vous, bien avant la blondeur et le 95D : la bonne humeur qui les rassure et les apaise, la mauvaise foi qui les amuse, et la douceur qui les enchante. Ce qu'ils attendent de vous : que vous soyez une femme bandante dont les autres ont visiblement envie mais réservée à lui seul.

> *N'oubliez jamais que, si les hommes sont beaucoup moins diversifiés que les modèles de voitures, chaque mâle est persuadé d'être unique, surtout pour vous.*

Caressez-le avec les yeux. De lui, vous voulez tout savoir; c'est normal, vous êtes une femme. Mais lui, que veut-il que vous sachiez de lui ? Tout, à condition de ne jamais le lui faire savoir, et rien puisque vous devez éternellement lui donner l'impression de le découvrir sans cesse et de vous en extasier. Qu'il soit votre mari depuis vingt ans ou votre amant depuis deux jours, demandez-lui de s'étendre pour caresser son corps de votre regard. Cette contemplation est déjà un préliminaire à l'acte sexuel.

Demandez-lui de recouvrir sa nudité avec un drap ; cette pudeur l'intrigue et vous donne le plaisir du fruit défendu. Découvrez petit à petit l'homme qui vous est offert, parcourez-le d'abord des yeux puis de vos mains, en commençant par les zones les plus éloignées de sa zone érogène centrale, afin de découvrir ses zones réactives. Certains adorent se faire masser les mains ou les pieds ; d'autres couinent de plaisir lorsque vous leur caressez la nuque ou leur griffez l'arrière des genoux. Beaucoup promettent la lune quand vous effleurez leurs tétons et défaillent sous vos doigts quand vous les titillez, pincez, mordillez. Promettent seulement…

Durant cette visite courtoise, résistez à son impatience. Tant que vous en cajolez la périphérie, il demeure à peu près tranquille ; en revanche, sous le nombril… Maîtrisez son désir, abordez-le avec des mains curieuses mais respectueuses. En toute chose, en toute place, laissez-vous guider par ses ronronnements et mimiques.

Apprivoisez son corps. Inspirez-vous de l'enchaînement suggéré plus haut sur vous-même (« Apprivoisez tout votre corps », p. 26). Lorsque vous serez parvenue au niveau de sa poitrine, n'allez pas trop vite ! Pourvue de seins vous-même, les siens vous indiffèrent ? Dommage, car de nombreuses terminaisons nerveuses vous y espèrent. Pelotez-les !

La pointe de sa toison pubienne s'élargit en triangle jusqu'à la base de sa verge tranquillement posée sur l'un des deux douillets coussins que sont les testicules. Comment ça, sur lequel ? Ça dépend. Demandez à son tailleur : « Monsieur porte-t-il à droite ou à gauche ? » Toujours au repos, la peau mobile (le prépuce) recouvre le gland – à moins que l'homme soit circoncis[1]. En période d'excitation, le sang afflue dans les tissus spongieux érectiles de la verge qui gonfle, rosit, durcit et s'érige (érection). L'homme bande. Tirée en arrière par cette érection, la peau de la verge découvre le gland au sommet duquel s'ouvre l'entrée du canal de l'urètre (le méat), par lequel l'homme urine ou éjacule, selon la circonstance. Cette fente se continue, jusqu'au-delà de la base du gland, par le frein, filet si sensible au toucher qu'il peut se rompre douloureusement. Le gland et son frein représentent la zone la plus érogène et la plus réactive du corps masculin. Moins riche en terminaisons nerveuses, le corps de la verge est moins réactif. Avis

---

1. Certains hommes, peu nombreux, sont naturellement dépourvus de prépuce. D'autres, beaucoup plus nombreux, en ont été privés par une ablation chirurgicale, appelée « circoncision ». Dans certaines religions et traditions régionales, cela correspond à un rituel initiatique imposé au jeune garçon pour matérialiser son passage à l'âge adulte. Dans d'autres régions, d'autres croyances, le but de la circoncision du prépuce masculin est le même que celui de l'excision du clitoris féminin ; c'est-à-dire réduire sensiblement les possibilités de plaisir sexuel donc de désir dit « impur ». Ailleurs encore, notamment aux États-Unis, ce sont des motivations purement hygiéniques qui justifient cette ablation, puisque la chaleur et l'humidité sous cette peau fine favorisent la prolifération bactérienne. En France, excision et circoncision étant considérées comme des atteintes graves à l'intégrité physique de la personne, ces pratiques sont interdites, sauf lorsqu'elles sont médicalement justifiées, par exemple, en cas d'anomalie du prépuce ou phimosis : trop étroit, le prépuce ne peut se rétracter à la base du gland lors de l'érection, ce qui entrave l'érection et la pénétration, et les rendent douloureuses. On pratique alors une circoncision chirurgicale.

aux débutantes : inutile de l'astiquer frénétiquement, c'est sans effet, agaçant et douloureux. Son diamètre et sa longueur varient d'un individu à l'autre – deux paramètres qui tracassent beaucoup les garçons ! Assurez-lui qu'un pénis malingre peut donner infiniment de plaisir alors qu'une matraque phallique inflige plus de douleur que de satisfaction. D'ailleurs, la « norme » étant le résultat du calcul de la moyenne d'hommes dissemblables, elle correspond à un homme qui n'existe pas. Le plaisir donné par l'organe génital masculin dépend essentiellement des caresses préliminaires, de votre imaginaire, du rythme adopté par l'homme pendant son va-et-vient et de la courbe du sexe érigé. Un pénis court mais naturellement recourbé vers le nombril de l'homme atteint votre point G mieux qu'un long recourbé dans l'autre sens, qui stimule plutôt le colon… La visite est terminée. Conclure ou pas ? À vous de voir.

2

Se parer
pour parer à tout

Douchée, coiffée, maquillée, habillée, parfumée derrière les oreilles : « Je suis prête! » Prête pour quoi ? Pour faire vos courses ou une démarche administrative, d'accord. Mais si le destin, toujours taquin, décide ce matin de vous faire rencontrer le « bon coup » ou même le coup de foudre, serez-vous prête ? L'émotion risque de redresser sur vos mollets les petits poils échappés à un rasage hâtif. Même si votre dernière relation sexuelle remonte aux calendes grecques, chaque jour qui commence peut se révéler être le plus beau de votre vie. Avouez qu'il serait rageant de laisser échapper ce somptueux animal – cheveux brillants, regard acier, jambes racées et dos en V – pour cause de négligence.

TENEZ-VOUS PRÊTE

Pour séduire un homme – le vôtre ou celui que le hasard peut vous offrir –, inspirez-vous de ce qui les fait courir au *Crazy Horse*. Rouge à lèvres, jarretelles et bas noirs suffisent pour devenir à ses yeux la synthèse de toutes celles qui attirent ses semblables. Déambuler jupe fendue, yeux noircis et réticule balancé à bout de bras, c'est risquer de finir au poste de police; il s'agit seulement de s'apprêter, par vos vêtements et accessoires, pour du possible.

Les bons choix de vêtements et accessoires. L'élégance consiste à porter ce qui est cohérent avec la météo, l'endroit où vous vous rendez, votre confort, et tout cela sans ostentation. Un homme digne de ce nom devine immédiatement la présence d'un porte-jarretelles sous la jupe la plus sévère et une poitrine gracieuse sous un col roulé irlandais six fils à grosses torsades.

❍ Des dessous chics et frais, assortis aux couleurs des vêtements, sexy mais sans ostentation en cas de rencontre sensuelle possible. Réservez la guêpière à bonnets ouverts et le porte-jarretelles rouge et noir pour des circonstances amoureuses prévues.

❍ Une tenue seyante de face, de profil et de dos : regardez les autres femmes qui marchent devant vous et demandez-vous ce que l'on voit de vous quand on vous suit. Quelle que soit votre morphologie, soyez lucide en choisissant vos vêtements. Pour celles-ci le pantalon « slim » et pull chaussette, pour celles-là le pantalon à pinces et le tee-shirt danseuse. Le voile foncé gaine et dessine parfaitement toutes les jambes (les bas résille à larges mailles font ressembler les mollets ronds à des saucissons, et les maigres à de vieux filets à provision).

❍ Des vêtements à votre taille, choisis en fonction de la météo, de votre emploi du temps et de votre régulation thermique (le chemisier en soie sauvage trahit vilainement l'hyperhydrose[1]). Le confort, c'est peut-être ringard mais une femme qui se sent à l'aise est toujours plus agréable à

---

1. Transpiration excessive.

regarder qu'une femme super-lookée qui grelotte en hiver et dégouline en été. Que vous ayez rendez-vous chez le médecin, à la boutique de lingerie ou à l'hôtel des amours clandestines, choisissez des vêtements faciles à retirer…

❍ De belles chaussures et avec lesquelles vous pouvez marcher : si un homme vous invite à une promenade dans de vieilles rues pavées ou sur un chemin de halage, vous ferez quoi, perchée sur vos brochettes ? Les boots en satin crème donnent de l'esprit à votre slim daim chocolat mais… en cas de pluie ? Dans le coffre de la voiture ou au fond du sac du week-end, prévoyez toujours imper, chapeau et bottes en caoutchouc car, l'homme des villes qui vous propose un chocolat au Negresco peut devenir l'homme des champs qui susurre : « Si on partait en Bretagne ? » Et en avant pour une balade dans les polders et les vasières! Ce serait dommage de manquer ce spécimen rare à cause d'une histoire de chaussures, d'autant qu'il préférera partager un coucher de soleil sur la grève avec une femme mal empaquetée mais émerveillée que suivre une top model geignarde sur ses Blahnik.

> *L'élégance consiste à porter ce qui est cohérent avec la météo, l'endroit où vous devez vous rendre, votre confort. Et tout cela sans ostentation.*

❍ Un joli sac à main, pratique et bien organisé, contenant une lime à ongles (un ongle écorché est redoutable pour vos bas et la peau de votre partenaire), deux ou trois préservatifs, un tube de rouge à lèvres haute tenue, une pochette de lingettes rafraîchissantes pour visage, un stylo et un petit carnet pour noter le numéro de téléphone de l'homme exceptionnel que vous croiserez peut-être, quelques cartes de visite, un mini tube de dentifrice et une brosse à dents de voyage.

◯ Du parfum dans les cheveux (propres!) qui, à l'instar de la fourrure, le retiennent remarquablement bien. Parfumez également les zones du corps où les vaisseaux sanguins, en battant juste sous la peau, la maintiennent à une température plus élevée donc plus à même d'exhaler le parfum : nuque, arrière des oreilles, entre les seins, saignée des coudes, arrière des genoux, haut du sillon fessier.

◯ Des pieds et des mains parfaitement soignés (évitez les ongles longs ou coupés au carré, très blessants).

L**e maquillage des séductrices.** Maquillez votre peau le moins possible si vous voulez être embrassée ; c'est vous que votre homme a envie d'embrasser, pas votre fond de teint! Pour la bonne mine même en hiver, deux soirs par semaine, remplacez votre crème de soin par un autobronzant en veillant à n'en mettre que très peu sur la zone médiane[1]. Ainsi, le matin, il suffit d'un peu d'anticernes (plus clair que votre peau autobronzée) sur vos éventuelles rougeurs, boutons ou taches pour les camoufler, puis d'un peu de blush abricot sur le haut du front, les pommettes et la base du cou. Quant aux fards à joues, à lèvres et à paupières, choisissez-les discrets, waterproof ou, au moins, ultrarésistants aux frottements. Aussi passionné, fougueux et enchanteur soit-il, un interlude sexuel ne doit pas vous transformer en

---

1. En effet, la kératine des cellules mortes qui s'y accumulent réagit avec excès à la DHA de l'autobronzant.

clown. Quant à vous démaquiller soigneusement avant de rejoindre votre partenaire sur canapé, n'y pensez même pas! Avoir accompagné en public une femme au visage de star pour ensuite culbuter une brave dame au visage nu encore rougi par le nettoyage… quelle débandade!

Des lèvres parfaites. Appliquez chaque soir sur vos lèvres une pommade très nourrissante à base de vitamine A ou d'urée[1] (attendez pour cela que votre homme soit endormi!). Bien regonflées et réhydratées le lendemain, il suffit alors d'en recouvrir toute la surface à l'aide d'un crayon à lèvres peu gras. Ainsi, même après un repas, vos lèvres garderont leur couleur. Pour donner de l'éclat, déposez au pinceau, en tapotant, quelques touches d'un brillant de même couleur, au parfum et au goût agréables. Fixez le tout en passant un glaçon dessus pendant dix secondes[2], puis absorbez l'eau avec un mouchoir en papier.

Un regard sans bavure. Une nuit d'amour fou avec des cils enduits, c'est courir le risque d'avoir, au petit matin, les yeux de la femme araignée : à force de frottements et d'étreintes, les cils sont collés les uns aux autres jusqu'à n'être plus que trois énormes cils. Faites-les teindre en institut de beauté, ainsi votre regard restera profond et sans bavure. Pour leur donner de l'épaisseur, enduisez-les d'un gel transparent protecteur.

---

1. En vente en pharmacie. L'urée a un fort pouvoir hydratant.
2. Non, ça ne coulera pas, car la cire du bâton de rouge n'est pas hydrosoluble.

Les soins au service de l'érotisme. Lui, le matin, même s'il lui arrive de songer que, ce jour-là, il vous rencontrera, vous, la femme de sa vie, il se dit que, de toute façon, il est très bien comme il est puisqu'il est unique. Un coup de pschitt sous les aisselles et un coup de peigne le lui confirment devant le miroir. C'est lui le chasseur, oui ou non ?

L'hygiène corporelle. Le choix est vaste des huiles, laits, crèmes, savonnettes, lingettes, lotions pour nettoyer, entretenir, raffermir, adoucir, parfumer votre corps dans ses moindres replis. De quoi en oublier le but premier qui est l'élimination de la sueur, des squames, des parasites, des bactéries nocives, des poussières atmosphériques et du sébum en excès. Pour ce nettoyage, le simple savon de Marseille suffit à éliminer parfaitement les déchets précités tout en respectant les bactéries utiles et le pH (taux d'acidité) de la peau, à condition de bien le rincer puis de bien sécher la peau. Si vous préférez des produits plus sophistiqués, assurez-vous de leur innocuité : parfums et colorants peuvent être irritants, voire allergènes.

Le but de ce livre étant de vous enseigner à maîtriser l'art d'une sexualité épanouie, ce sous-chapitre vous évitera, par des conseils simples et efficaces, d'inutiles et vexants tracas. Par leurs manifestations visibles, malodorantes et prurigineuses, les mycoses, cystites, boutons et autres n'incitent guère au libertinage. Le principal facteur qui en favorise l'apparition étant le manque d'hygiène, il est nécessaire de nettoyer votre vulve quotidiennement avec un produit nettoyant respectueux du pH (là encore, savon de Marseille). Pour cette toilette externe, préférez la main, plus habile à s'insinuer dans les replis de la vulve et plus douce envers la muqueuse vestibulaire, au gant de toilette : irritations dues aux particules de lessive et d'assouplissant, contaminations dues bactéries qui s'y développent s'il est réutilisé. Pour ce qui est du vagin et du rectum, la plus efficace, la plus douce et la plus naturelle des toilettes consiste à ne rien faire! Fuyez la vaine et dangereuse tentation de vous décaper l'intérieur par des injections de produits censés vous assurer un floral et innocent fumet toute la journée. Ces produits perturbent l'équilibre bactérien de la flore vaginale et rectale. Les pertes vaginales accompagnées d'odeurs nauséabondes sont le plus souvent la conséquence de nettoyages frénétiques et parfaitement inutiles. Vos orifices les plus archaïques sont aussi malins que votre four le plus moderne; ils sont autonettoyants. Pour apaiser la conscience des inquiètes, de simples ablutions d'eau suffisent.

Les vertus de la pierre d'alun. Pour celles dont l'entrée du vagin est trop accueillante pour enserrer vigoureusement le sexe de l'homme, il existe un vieux remède tout simple et bien connu des messieurs qui se rasent encore au coupe-chou : la pierre d'alun[1], proposée en pain ou stick translucide. Son pouvoir astringent était déjà prisé du temps où les filles étaient censées se marier vierges même si elles ne l'étaient plus. Il suffit de la tremper quelques secondes dans l'eau puis de la passer une minute sur la muqueuse vaginale et de laisser sécher pour arborer fièrement un vagin de pucelle. L'effet est de courte durée mais c'est la première impression qui compte. Attention cependant aux éventuelles gerçures consécutives à l'usage répété de ce subterfuge!

---

1. Mouillée puis passée quelques secondes sur une coupure, la pierre d'alun favorise l'hémostase.

L'hygiène intime. Sous-vêtements et vêtements moulants doivent être changés une ou deux fois chaque jour. Pendant la période des règles, serviettes hygiéniques et tampons doivent impérativement être remplacés trois fois par jour au moins. Enfin, lorsque vous portez une minijupe sans collant, songez que tous les sièges sur lesquels vous vous asseyez sont des nids à microbes, germes et bactéries de toutes sortes.

Les cystites et les mycoses vaginales, souvent responsables d'odeurs gênantes, sont provoquées en partie par une hygiène excessive, et en partie par des champignons contenus dans les selles et des bactéries présentes dans l'urine. Les champignons aimant le sucre, consommez-le modérément, d'autant que son ingestion excessive modifie et altère la composition de la flore vaginale. Les champignons proliférant en milieu chaud et confiné, préférez les culottes ou les strings avec gousset en coton sous des vêtements pas trop serrés. Les champignons aimant l'humidité, essuyez-vous minutieusement après chaque nettoyage et saupoudrez de talc lorsque l'air est chaud et humide. Enfin, les champignons ayant plus de facilité à s'étendre sur un terrain immunodéficitaire, préservez l'intégrité de vos muqueuses.

LE KIT DE PRÉVENTION

▶ Ayez toujours dans votre sac un protège-cuvette de WC en papier, une pochette de lingettes bactéricides pour essuyer les poignées de portes des toilettes et les boutons de chasse d'eau.

▶ N'oubliez pas non plus la pochette de lingettes pour vous nettoyer parfaitement après chaque évacuation (par bienveillance envers les canalisations, choisissez des lingettes biodégradables que l'on peut jeter dans la cuvette sans risque). Et pensez aux préservatifs !

Votre maman vous a appris quantité de choses essentielles qu'il convient de ne pas oublier… Ces précautions élémentaires vous permettront d'éviter beaucoup d'autres tracas.

❍ Boire assez d'eau pour que l'urine soit plus claire donc moins concentrée en toxines.

❍ Uriner ou déféquer dès que l'envie s'en fait sentir (sans forcer la miction!).

❍ Sécher correctement le vestibule après chaque miction avec du papier blanc sans parfum.

❍ S'essuyer minutieusement le sillon fessier d'avant en arrière après chaque émission de selles évite de polluer la zone périnéale et de déposer la moindre parcelle de flore fécale sur la vulve.

❍ Se laver les mains tout de suite après et les sécher avec un linge propre et sec.

❍ Éviter tout contact physique entre votre intimité et les objets touchés par l'intimité des autres (ne pas s'asseoir sur les WC publics).

Les soins esthétiques. Préservez une peau douce agréable à caresser par un gommage hebdomadaire sur tout le corps, voire un ponçage des rugosités (coudes, genoux, talons). Épilez tout ce qui doit l'être, depuis le duvet des lèvres jusqu'au sillon fessier en passant par les aréoles (un téton qui pique est un vrai casse-mythe!), les jambes, l'arrière des cuisses, le maillot, les avant-bras, les mains et les doigts de pieds. Au quotidien, éliminez les cellules mortes au gant de crin, puis assouplissez et nourrissez l'épiderme de tout le corps (pieds et mains compris) avec un lait ou une huile.

Des aisselles agréables à caresser. Épilez-les dès que les poils atteignent 3 mm (les effets de toute substance odoriférante, la sueur notamment, sont amplifiés sur les poils) et prévoyez dans votre sac à main une pochette de lingettes corporelles et un poudrier compact réservé à vos aisselles. À la moindre trace d'humidité, passez dessus une lingette sans alcool puis la houppette poudrée (les poudres sont élaborées à partir de kaolin, c'est-à-dire d'argile blanche qui, en plus d'adoucir la peau, régule la sécrétion sudorale).

Des fesses irréprochables. Il est fréquent d'avoir quelques boutons sur les fesses : sédentarité, contact permanent avec des tissus synthétiques, alimentation trop riche, etc. Pas le temps d'attendre la remise en ordre de vos habitudes avant votre prochain rendez-vous amoureux ? Vite, soignez vos fesses comme votre face : gommage, masque argileux ou soufré, lotion astringente, crème antiseptique et, en cas d'urgence (visite inopinée de l'homme), stick de camouflage spécial peaux acnéiques. En cas d'irritation périanale, appliquez une pommade semblable à celles que l'on utilise pour les fesses des bébés et talquez.

À l'ère du string, la pilosité tracasse ; à l'aide de deux miroirs placés à peu près face à face, regardez ce qui dépasse entre vos fesses quand vous portez un string ficelle… Une bonne esthéticienne vous réconciliera avec votre jardin secret et quelques bandes de cire vous feront le derrière accueillant.

Un mont-de-vénus irréprochable. La tendance est à l'épilation minimaliste, façon jardin zen. Même pressée ou douillette, préférez l'arrachage à la cire ou la destruction par électrocoagulation ou par laser. Un poil arraché puis reconstitué par la glande pilo-sébacée remonte à la surface par une pointe fine et souple peu gênante au toucher. Quant au poil détruit, il est censé ne pas repousser. Évitez le rasoir car, Lady ou pas, le shave rase en coupant les poils au ras de l'épiderme. Immédiatement après le rasage, la zone glabre est douce au toucher mais, quelques heures plus tard, ces poils coupés crissent déjà sous la caresse. Quant aux crèmes, mousses et lotions dépilatoires, l'allergie possible rendrait la zone inutilisable plusieurs jours…

Que vous procédiez vous-même à l'épilation à la cire ou que vous en confiiez le soin à une esthéticienne, commencez par raccourcir les poils pubiens. Redressez-les perpendiculairement à la peau à l'aide d'un peigne et, à 2 cm de la peau, coupez avec des ciseaux pour éviter d'encoller dans la cire les poils du triangle final. Ensuite, debout face au miroir, prenez un crayon à paupières bien taillé et dessinez précisément la forme que vous souhaitez obtenir. Enfin, appliquez de fines bandes de cire (pas plus d'un centimètre de large pour éviter un arrachage trop douloureux). Attention quand même : un V minimaliste ou une virgule exclamatoire supposent un mont-de-vénus peu bombé sous peine de ressembler à une petite fille trop vite grandie.

Les fidèles à la fourrure d'avant les sixties (l'impeccable triangle en étoffe noire des danseuses du *Crazy Horse*) épilent quand même les poils follets qui s'évadent de la culotte ou du string. Pour les couper sans appauvrir la coiffure pubienne, peignez-les dans trois directions : vers le haut, vers la droite et vers la gauche, puis coupez nettement tout ce qui dépasse de la culotte.

La teinture des poils pubiens. Vieille dame fidèle aux joies de la chair, nostalgique de votre belle toison d'autrefois, au temps où l'on appréciait encore les parures naturelles (y compris aux aisselles), l'alopécie et le blanchiment de votre bas-ventre vous dépriment ? Sans attendre, teignez ces poils comme vos cheveux. D'une part, les blancs retrouveront leur belle couleur, d'autre part les petits duvets ainsi teintés compenseront l'absence des poils vaincus par le temps. Si votre esthéticienne rechigne, faites-le vous-même avec un produit à peine plus foncé que vos cheveux, à base de plantes tinctoriales sans résorcine ni ammoniaque. Quarante-huit heures avant, procédez à une touche d'essai (environ 1 cm² de teinture dans le pli de l'aine).

Le jour J, assurée de l'innocuité du produit sur vous, branchez votre répondeur et posez un plastique protecteur sur le carrelage ou la moquette. En plus d'un magazine à feuilleter pendant la demi-heure du temps de pose, prévoyez un savon de Marseille, une brosse à dents usagée et de la cendre de cheminée ou de cigarette.

Protégez la muqueuse des petites lèvres avec une crème très grasse ou un sparadrap, et vos mains avec des gants. Appliquez généreusement le mélange[1] à l'aide d'un pinceau plat. Après le rinçage, décolorez la peau encore teintée à

---

1. Pour teindre un « minou », il faut très peu de produit ; économisez-le en versant, dans une coupelle, une cuillerée à soupe rase d'oxydant et une cuillerée à soupe rase de teinture. Rebouchez les flacons et gardez-les jusqu'à la prochaine fois.

l'aide de la brosse à dents mouillée, frottée sur le savon de Marseille puis plongée dans la cendre ; frottez la peau tachée par de petits mouvements circulaires de la brosse jusqu'à disparition des taches, puis rincez. Enfin, comme vous le feriez pour parfaire une teinture de cheveux, appliquez le baume de rinçage, laissez-le agir quelques minutes, puis rincez. Qui c'est qui a le minoutoudou ?

Des lèvres colorées. Nous avons évoqué plus haut les grandes et les petites lèvres. Toujours par paires, comme celles du sourire, l'analogie est évidente ; vous comprenez pourquoi, dans la tradition érotique, il est conseillé aux femmes de maquiller aussi ces lèvres-là. Le rouge, c'est la couleur d'Éros, la couleur de la vie. Sur le plus beau visage ou le plus somptueux mont-de-vénus, des lèvres blanches évoquent – inconsciemment – l'idée de Thanatos, la mort. Donc, s'il vous arrive parfois, après vos menstruations notamment, de souffrir d'anémie,

Le rouge, c'est la couleur d'Éros, la couleur de la vie. Sur le plus beau visage ou le plus somptueux mont-de-vénus, des lèvres blanches évoquent inconsciemment l'idée de Thanatos, la mort.

pensez à vous rougir les lèvres, toutes les lèvres. Pour cela, vous pouvez utiliser du jus de betterave, du henné rouge (évitez le henné orange qui donnerait à votre sexe la triste figure d'une jaunisse) ou, mieux encore, de l'*aker fassi*[1] qui

---

1. Très usitée par les femmes orientales, cette version rustique du rouge à lèvres est une petite coupe de terre cuite enduite, sur sa face concave, d'une préparation à base de coquelicots et d'écorce de grenadine, puis séchée au soleil.

tient très bien. À l'aide d'un pinceau mouillé, prélevez un peu de cette teinture, puis appliquez-la soigneusement sur les petites lèvres, en insistant plus ou moins selon que vous souhaitez un rouge discret ou un vermillon ardent.

L es parures érotiques. Parmi les ornements intimes du jeu de la séduction, certains se posent et se retirent tout aussi vite : motifs décalqués (chez Tinsley Transfer, par exemple), appliqués au tampon encreur, au henné ou au crayon cosmétique, bijoux autocollants (nombril, aréoles) ou à clipper (mamelons, grandes et petites lèvres, prépuce) et, depuis peu, les créations de Kyeok Kim dans sa collection « The Sensory Wearable » (bijou-lumière Aurora, bijou Lace Trace dont l'empreinte reste sur la peau, bagues encreuses Inky Blingky…). Les adeptes de la parure éphémère conjuguent l'érotisme sur un mode ludique et inoffensif (sauf de bénignes réactions aux cosmétiques, à la colle ou au nickel).

D'autres ornements, en revanche, s'incrustent dans la chair en y laissant des traces définitives : tatouages gravés dans le derme et piercings sur les zones les plus érogènes, donc les plus fragiles (nombril, mamelons, grandes et petites lèvres, clitoris, prépuce, gland…). Les adeptes de la parure définitive déclament et exhibent l'érotisme sur un mode invasif, romantique mais également dramatique, puisque responsable de mutilations et d'infections graves. Jusque récemment, les nombreuses et coûteuses séances d'effaçage au laser laissaient aux tatoués repentis des zones cicatricielles. Un vrai espoir, cependant pour les novices : des scientifiques ont trouvé le moyen de conditionner le pigment dans des microcapsules dégradables. Une seule séance de laser permet d'éclater cette encre de tatouage à tout moment.

Les tatouages. À l'origine, le tatouage est un marquage corporel destiné à afficher l'appartenance d'un individu à une tribu, à un groupe humain particulier. Délibérément affiché sur la nuque, l'épaule ou le décolleté, il résume et traduit ce que la personne veut que l'on sache d'elle. Dissimulé aux regards, il proclame à l'intime un érotisme certain. Ainsi en est-il des tatouages qui décorent le tour des aréoles, le haut de la raie des fesses, le haut des poils pubiens. Certains hommes et femmes intégralement épilés se font tatouer sur le pubis un triangle façon dentelle ou enluminure.

> *Délibérément affiché sur la nuque, l'épaule ou le décolleté, le tatouage traduit ce que la personne veut que l'on sache d'elle. Dissimulé aux regards, il proclame à l'intime un érotisme certain.*

Le tatouage est définitif, c'est son avantage et son défaut : d'une part, le motif choisi à vingt ans risque d'être *has been* dix ans plus tard ; d'autre part, le caractère et la vie de la personne tatouée évoluent. Le jour arrive où ce graphisme est vécu comme une blessure. Effacer un tatouage est un acte chirurgical qui laissera une trace, même minime. Quant aux risques immédiats, ils sont si nombreux que la seule lecture de l'énumération qui suit peut vous faire passer l'envie de céder à ce caprice dermique : de la transmission bactérienne locale d'un staphylocoque ou d'un streptocoque à celle d'un virus plus dangereux comme celui du sida ou de l'hépatite, faute de précaution aseptique concernant les instruments ou, parfois, par transmission entre le tatoueur et le client. De plus, certaines encres utilisées peuvent, elles aussi, représenter des risques non négligeables. Préférez les motifs simplement décalqués ou autocollants.

Les piercings intimes. Plus originaux que les traditionnels bagues, bracelets et colliers, les piercings de l'intimité ont de plus en plus d'adeptes. Le bijou fixé par piercing est le bijou sexuel par excellence. Bijou tribal à l'origine, on connaît encore certaines contrées où le piercing pénien perdure, par exemple dans le sud de l'Inde et en Océanie. Dans les pays dits « civilisés », l'implant d'un anneau dans le frein du pénis, à la base du scrotum ou dans le méat, vise à y suspendre toutes sortes de breloques sensées optimiser les sensations du ou de la partenaire. Le choix du piercing procède d'un certain fétichisme. Celui ou celle qui l'offre demande implicitement à sa ou son partenaire de signer par-là même un pacte d'appartenance exclusive. C'est dans le même esprit que la ou le bénéficiaire du bijou accepte la souffrance physique et la trace indélébile laissée par ce moment de leur histoire. Indélébile puisque, si le bijou peut être retiré, le trou demeure. Avis aux femmes qui souhaitent percer, en plus des grandes et petites lèvres, le capuchon du clitoris, et aux hommes qui désirent se faire percer prépuce et gland : l'intrusion d'un métal dans le corps est risquée! De nombreux cas d'infection existent, faute d'une asepsie rigoureuse et à cause du contact permanent du nickel (présent même dans les bijoux en or) avec la peau. Préférez la méthode des clips, tout aussi jolis mais qui n'abîment rien, ou optez pour les bijoux autocollants en strass ou en cristal.

PREMIER RENDEZ-VOUS

Le premier contact physique – la poignée de main – renseigne déjà l'autre sur vous. Ongles rongés, vernis écaillé ou paumes rêches sont rédhibitoires. Mains maigres, potelées, bronzées, marbrées, longues, courtes, peu importe du moment qu'elles sont soignées. Quant à l'action elle-même, optez pour la franche douceur. De toute façon, il retiendra de cet instant votre visage, la longueur et le galbe de vos jambes, votre volume mammaire, etc.

L e dîner. Que le rendez-vous ait lieu au restaurant, chez lui ou chez vous, les kilos qui vous encombrent le gêneront moins que de glaciales minauderies devant le menu : « Je prendrai une salade de crudités sans vinaigrette. » L'homme qui vous convie à un repas espère que vous apprécierez le cadeau et le dégusterez – déjà – avec plaisir. Votre mine gourmande lui en apprendra beaucoup sur votre sensualité, donc sur son propre avenir immédiat. Sans vous goinfrer, humez le vin, les mets, et savourez sans chipoter, de préférence en même temps que lui. Renoncez à décortiquer tous les bigorneaux du plateau de fruits de mer ; vous verrez l'importance d'accorder vos rythmes en toutes choses. À lui de faire en sorte que tout aille bien, à vous de minimiser le courant d'air sur la nuque ou la sonnerie du portable derrière vous. Après tout, il vous invite. Enfin, une main posée comme par mégarde sur le milieu de la nappe laisse espérer.

Après le dîner, faites un détour par les toilettes pour vous brosser les dents. Si sa main a accueilli la vôtre sur la nappe, un « after » est envisageable. Furtif ou insistant, le baiser suppose une haleine irréprochable, des lèvres bien hydratées et un rouge à lèvres « tenue extrême » au goût agréable. Pour celles dont la denture a été partiellement ou entièrement remplacée par un appareillage, ni honte ni angoisse, juste un petit handicap à surmonter pour vérifier l'adhésif. En plus, votre détour aux toilettes lui permet d'en faire autant sans avoir à le préciser. Au moment de l'addition, un discret : « Vraiment, vous ne voulez pas que je… ? » l'assure de votre éducation mais l'insistance le vexerait.

L e **baiser.** La promenade s'est déroulée le mieux du monde ; c'est le moment de dire « À bientôt ? » La poignée de main n'est plus de mise. Un vrai baiser se donne et se reçoit bouche entrouverte d'abord, puis ouverte franchement si le début vous plaît. Vos lèvres se rejoignent et se joignent, vos langues s'effleurent, s'agacent, s'enroulent, lèchent les dents de l'autre et explorent sa bouche, salives mêlées. Pour maîtriser le *french kiss,* rien ne vaut l'entraînement, mais un baiser donné de bon cœur est rarement raté ! Même pour un vieux routier de l'éros, les commencements sont émouvants, intimidants ; aussi maladroit soit ce premier baiser, murmurez qu'il embrasse bien, que ses lèvres sont douces. La première fois, évitez d'avaler goulûment sa langue, il craindrait vos futures fellations.

L'ESTOCADE POUR L'AMOUR D'UN JOUR

À vous l'étreinte passagère, le sexe buissonnier ! Un homme de l'éphémère ? Profitez de l'aubaine pour vous exhiber sans souci devant ce passant ; vous vous libérerez définitivement des entraves que sont les peurs et les complexes.

S ans **complexe ni stratégie.** Un séisme endocrinien vous a, en quelques heures, renversés tous deux sur un canapé, un lit, un ascenseur, le capot d'une voiture, etc. L'urgence de cette pulsion s'impose à vous et vous impose d'improviser. Sauf la protection obligatoire en ce siècle où l'amour est parfois une menace de mort, évitez la stratégie. Fiez-vous à votre instinct, donnez et prenez du plaisir, de la joie et, pourquoi pas, du bonheur… Tant mieux si vous le trouvez là, à cet instant de la journée. L'amour d'un jour ponctue un joli paragraphe de votre journal intime.

Déshabillez-vous. L'amour d'un jour vous laisse rarement une seconde chance, donc pas question de le gâcher ! Pas le temps de vous inscrire au cours de strip-tease ? Les déballages extrêmes des jeunes actrices du porno vous paralysent ? Rappelez-vous que, dans *Gilda*[1], Rita Hayworth a fait bander des millions de spectateurs

---

1. Film réalisé par Charles Vidor en 1946.

mâles en retirant seulement ses gants. En amour aussi, c'est l'intention qui retient l'attention de l'autre ; il suffit qu'une bretelle glisse sur votre épaule... Devant le miroir de votre chambre, entraînez-vous à l'art du déshabillage rapide mais gracieux car, devant l'homme, l'émotion vous rendrait maladroite. Que les empotées se rassurent : champagne aidant, votre strip-tease improvisé sera apprécié autant qu'une chorégraphie. Pour le sexe vite fait bien fait, il s'agit juste de retirer vos vêtements avec aisance.

Prévoyez des vêtements faciles à enfiler, à vivre et à retirer : veste ou manteau, robe portefeuille (un seul bouton), bas à jarretière (qui tiennent tout seuls), jolie lingerie, escarpins sans lacet ni lanière. Pour le manteau, c'est le gentleman qui vous aide.

Regardez-le tandis que vous ouvrez votre robe, puis asseyez-vous tranquillement pour vous dénuder les jambes. De même que, pour le potage, c'est la cuillère qui monte

aux lèvres, pour l'effeuillage, c'est la jambe qui doit monter et non le buste qui se penche. Croisez les jambes assez haut pour retirer sans hâte vos escarpins. Toujours assise, roulez vos bas l'un après l'autre jusqu'à la cheville et posez-les sur le bras du fauteuil. Retenez d'une main les bonnets du soutien-gorge tandis que vous le dégrafez de l'autre. Là, il doit s'approcher de vous et…

3

Action !

En montant l'escalier devant l'homme, vous vous demandez ce qu'il va vous faire ? Tout est possible, absolument tout! Seule condition : le commun accord.

POUR LE RÉJOUIR

« Déshabillez-moi… Oui, mais pas tout de suite… Pas trop vite[1]… » Avec Juliette Greco, des millions d'humains entonnent secrètement cette supplique. Parmi ceux-là, votre homme, qui se sent parfois bien seul, debout au milieu de la chambre, précédé de son enthousiasme pointant vers vos charmes à travers la flanelle de son pantalon.

Déshabillez-le. Prenez l'initiative de le déshabiller. C'est une façon gentille de lui apprendre qu'il doit toujours commencer par retirer ses chaussures et ses chaussettes, ce qui protège du ridicule caleçon-chaussettes du théâtre de Feydeau. Caressez furtivement, l'une après l'autre, chacune des parties de son corps que ce déshabillage décou-

---

1. *Déshabillez-moi*, chantée par Juliette Greco, paroles de Robert Nyel, musique de Gaby Verlor.

vre. Il vous laisse faire; mieux, il en redemande! Déboutonnez les poignets de sa chemise, déposez un petit baiser sur un poignet puis, d'un seul coup, retirez la chemise et faites tourner votre homme. Tenez-lui les bras vers l'arrière, caressez-lui le dos de votre souffle puis mordillez-le très vite de la nuque à la taille. Entourez-le de vos bras pour dégrafer la boucle de sa ceinture et ouvrir son pantalon sans toucher la braguette car ce déshabillage l'excite déjà beaucoup. Passez devant lui, agenouillez-vous et faites glisser le pantalon. Aidez-le à sortir ses pieds l'un après l'autre et jetez le pantalon à travers la pièce. Caressez l'arrière de ses jambes en remontant tranquillement vers ses fesses et massez-les en rond pendant que, de la joue, vous câlinez sa verge. Là, soit son impatience arrache vos vêtements, soit, bouleversé, il tient à vous déshabiller pour vous faire rendre grâce, soit vous lui échappez, mutine, pour lui offrir le vrai strip-tease dont il n'osait pas rêver.

Un **strip-tease pour lui seul.** Quelle bonne idée! Lancez-vous aujourd'hui; une autre fois, ce sera lui. Émouvante au début d'une relation, la maladresse peut, avec le temps, devenir démotivante. Le strip-tease est un art, c'est même un vrai spectacle. Il faut une musique (tango argentin, musiques du *Crazy Horse* ou générique des *Chippendales*), un éclairage doré (deux bougies, une lampe tamisée) et, surtout, une chaise. Forcément, vous portez la tenue adéquate : robe fendue, dentelle noire, talons hauts, collier de chien et chapeau (melon, casquette, etc.). Votre peau scintille des mille poussières d'or contenues dans l'huile corporelle achetée pour cette occasion, et vous avez déposé quelques gouttes de parfum sur la nuque, les chevilles et les genoux, en haut de la raie des fesses, un peu sur la toison, à la saignée des coudes, entre les seins et sur le dessus de la tête. Chacun de vos mouvements va envoyer vers lui vos effluves parfumés ; il en sera charmé.

Trop cliché ? C'est fait pour ça ! Songez au nombre de fois où votre homme les a vues, les filles à la télé, guêpière noire, bas noirs et dentelles rouges, en songeant : « Si seulement elle pouvait me jouer ça, rien qu'une fois ! » Ce n'est pas le moment de chipoter. Pensez à la longue écharpe en soie, au boa en plumes de coq ou même au long ruban soyeux, enfin à ce qui glissera le long de votre corps comme des mains caressantes. La chaise est importante ; elle est votre tuteur, le support de votre imagination. Elle est l'homme invisible sur les genoux duquel vous feignez de vous asseoir, à qui vous échappez, derrière qui vous glissez, dont vous vous éloignez, vers qui vous revenez… Votre homme à vous ne s'y trompe pas ; il est déjà jaloux de cet autre qui n'existe pas. Dès que votre imagination le « voit », cet homme virtuel, tout devient facile. Le jeu est simple : vous feignez de vous offrir à lui, vous le fuyez, vous lui montrez de quoi rêver, pas complètement mais chaque fois un petit peu plus.

> *Dans le strip-tease, la chaise est votre tuteur, le support de votre imagination. Elle est l'homme invisible sur les genoux duquel vous feignez de vous asseoir, à qui vous échappez, derrière qui vous glissez, dont vous vous éloignez, vers qui vous revenez…*

Le soutien-gorge doit vous quitter comme à regret. Une bretelle, suivie de l'autre, retournez-vous, l'homme doit vous voir le dégrafer comme si vos mains étaient les siennes. Quand ce trois fois rien de dentelle ne retient plus qu'à peine vos seins, tout en cachant encore ceux-ci dans une main, de l'autre, faites-le tourbillonner insolemment puis s'envoler jusqu'à votre homme. Caressez-vous les bras, le torse, comme un homme saurait le faire puis, l'air canaille, tournez autour de la chaise, faites semblant d'ôter votre string ou votre culotte comme le feraient les mains d'hommes impatients. Enfin, asseyez-vous un peu de côté et, si l'homme vous en laisse le temps, tortillez-vous de façon coquine et faites glisser ce bout de dentelle le long de vos jambes tout en vous penchant en avant pour cacher jusqu'au dernier instant la toison douce, la vulve chaude dans laquelle, depuis le début du spectacle, votre homme a envie de s'enfouir, de s'engloutir tout entier.

L a suite... Trop souvent réduit à un phallus et à une paire de testicules, l'homme apprécie d'être exploré minutieusement mais pas tout entier le même jour, et surtout pas la première fois. Laissez-le d'abord conduire la danse avant de l'apprivoiser et de lui enseigner vos petits secrets qu'il doit penser être le seul à connaître. Tout comme à vous, tout lui plaît si c'est bien fait et de tout cœur.

Les hommes fantasment souvent sur d'autres femmes que les leurs. Le vôtre aussi. Au lieu d'en prendre ombrage, devenez plus sexy, plus délurée que toutes ces « pouffes qui le font bander » : sa première copine, sa collègue en tailleur sévère mais aux genoux appétissants, l'actrice de la cassette érotique planquée dans le tiroir de son bureau, les deux serveuses du bistrot d'en bas. Quand vous sortez, vous soignez votre mise au bénéfice de vos collègues et commerçants ? faites-en autant pour lui lorsque vous rentrez. Prenez de vitesse ses fantasmes de mâle dominant à tendance polygame. Soyez... nombreuse! Étonnez-le en choyant sa virilité à des moments inattendus. Il vous effleure distraitement les lèvres avant de s'affaler devant le poste de télévision ? Agenouillez-vous silencieusement devant lui pour la fellation qu'il n'osait même plus vous demander et avalez son sperme sans grimacer. Il vous pardonnera volontiers le soufflé trop cuit, et la pizza de secours sera dans sa mémoire le symbole d'un merveilleux début de soirée. Comblez son besoin d'être sécurisé en le caressant comme un enfant avant de lui mimer un second dépucelage. Pour contenter son besoin d'affirmer sa puissance virile, faites en sorte qu'il se sente caressé, exploré sur tout le corps comme si vous-même étiez deux ou trois femmes à sa dévotion.

Le voici vaincu, émerveillé ; il est temps de lui enseigner les moyens de vous faire plaisir à condition d'y mettre les formes. Marre de ses « Han! » de bûcheron ? Soucieuse de son orgueil, vous avez hésité à l'orienter vers vos préférences et puis, lasse de simuler, de gémir « Encore, encore… », vous reculez maintenant l'heure de vous coucher ? Patience, silence et vigilance valent mieux que rouspétance. Sous une pluie de remarques, il se sentirait minable, incapable, pour tout dire impuissant. Or, s'il peut devenir votre esclave repentant, il peut aussi trouver une fille plus ordinaire qui lui rendra toute sa superbe.

L'homme couché est plutôt patient et généreux. Plus que son propre plaisir, il aime la certitude de vous avoir comblée et d'être le seul à en être capable.

Quoi que vous en aient dit vos mère, grand-mère et copines frustrées, l'homme couché est plutôt patient et généreux. Plus que son propre plaisir, il aime la certitude de vous avoir comblée et d'être le seul à en être capable. Et bon élève! Accueillez chaque manœuvre nouvelle par d'encourageantes exclamations : « Ouah! C'est fantastique ce que tu me fais découvrir… » Précisez gentiment : « Tu pourrais me le refaire encore plus lentement ? Je sens que ce sera encore meilleur… », etc. Ainsi encouragé par vos phrases amoureuses, il vous fera part en toute confiance de ses envies. Le sexe au service de la connivence amoureuse.

Le faire jouir et en jouir. Ne confondez pas jouissance et éjaculation. Car, à lui aussi, il faut la même chose qu'à vous : l'essentiel, c'est-à-dire tout le reste. Jouir et éjaculer se produisent souvent en même temps, mais pas forcément : l'homme adore jouir d'abord sans éjaculer et il regrette parfois d'éjaculer sans jouir; voilà ce qu'un homme n'ose pas vous dire. Voilà aussi ce qu'il ignore à votre sujet; chuchotez-lui que vous savourez parfois pleinement un acte sexuel dit incomplet. De même qu'un simple jeu érotique peut vous emporter très loin sur la portée du plaisir, une certaine idée du tantrisme et de la zénitude, ajoutée à votre expérience personnelle bien sûr, va vous ouvrir bien d'autres perspectives.

HISTOIRES D'O… RGASMES

Qu'est-ce que l'orgasme ? C'est le moment, très court, où, parvenu à un état d'excitation extrême, le système d'innervation des organes sexuels va décharger des ondes produisant une sensation exquise de plaisir. Autrement dit, les stimulations volontaires que vous avez effectuées vont aboutir à une déferlante qui échappe à votre contrôle et vous submerge.

Peu importe que l'orgasme de l'homme soit plus ou moins intense que celui de la femme ; ils échappent tous deux à la volonté. Plus perceptible chez le mâle puisqu'il se manifeste, le plus souvent, par une éjaculation, l'orgasme entraîne en réalité beaucoup de réactions similaires chez l'homme et la femme. Et pourtant…

Juste avant la déferlante finale, la verge est en état de tension extrême, dure et chaude, tandis que le vagin, du fait de la même tension de sa muqueuse, s'arrondit comme un petit ballon. Au moment de l'implosion orgasmique, le pénis est agité de petits spasmes qui accompagnent l'éjaculation. Au même moment, le clitoris, les muscles de l'orifice vaginal et les glandes du fond sont eux aussi le siège de petites contractions aboutissant à une émission plus ou moins abondante de liquide. Le corps de l'homme et celui de la femme sont soumis à une immobilité rigide suspendue quelques fractions de secondes, suivie souvent de contractions musculaires involontaires. Tout cela peut s'accompagner de cris ou de gémissements, d'une respiration accélérée et d'un rythme cardiaque qui s'emballe tellement que certains de nos grands hommes y ont laissé leur vie et leur réputation.

Petite mort, envol, extase, grimper de rideau, etc. Des centaines d'expressions traduisent, joliment ou maladroitement, l'orgasme. Son origine est un mot grec qui signifie « bouillonner d'ardeur ».

Petite mort, envol, extase, grimper de rideau, sauter de plafond, etc. Des centaines d'expressions traduisent, joliment ou maladroitement, l'orgasme. Son origine est le mot grec *orgân*, qui signifie « bouillonner d'ardeur ». C'est une succession de manifestations physiques et psychologiques qui se rejoignent et culminent en un paroxysme de sensations. Séquence ultime de l'acte sexuel, l'orgasme est la somme de toutes les sensations et de tous les plaisirs réclamés à la fois par le corps et l'esprit. Il y a orgasme lorsque cette acmé est suivie d'une apaisante et heureuse impression de plénitude et que chacun est plein de l'autre et par l'autre.

Pendant la montée du plaisir qui précède l'orgasme, le cerveau sécrète des endorphines dont les effets ressemblent à ceux de la morphine. Les manifestations corporelles qui matérialisent l'orgasme sont, chez la femme, les contractions vaginales et périnéales et la rétraction du gland clitoridien. Chez l'homme, en même temps que la contraction périnéale, il y a contraction de la prostate, des vésicules séminales et des canaux déférents, ce qui pousse le sperme jusqu'à la base de l'urètre. C'est l'ultime instant du retrait (seconde méthode anticonceptionnelle après l'abstinence et avant l'usage des préservatifs) au-delà duquel les muscles de l'anus et de la base du pénis se contractent, le sperme jaillit dans le vagin, c'est l'éjaculation.

> *Séquence ultime de l'acte sexuel, l'orgasme est la somme de toutes les sensations et de tous les plaisirs réclamés à la fois par le corps et l'esprit. Il y a orgasme lorsque cette acmé est suivie d'une apaisante et heureuse impression de plénitude.*

La « résurrection » qui s'ensuit se manifeste par la sensation d'une complétude exceptionnelle ; l'on n'y ressent plus ni désir ni besoin, seulement l'envie que ça ne s'arrête pas.

Physiquement, la machine décélère ; le cœur, la respiration et la tension artérielle reprennent leur rythme de croisière. Tous les muscles du corps sont détendus et les organes sexuels perdent les fards de l'excitation. On peut alors sombrer dans un sommeil profond et paisible ou se chuchoter des petites choses suggestives pour préparer le second assaut. Si votre homme est jeune ou amoureux, sa période de résolution ne dure quelques minutes ; s'il est âgé ou fatigué, cette période peut durer plus d'une heure.

La meilleure façon d'atteindre l'orgasme est assurément de ne pas y penser. Le processus qui vous emmène sur le seuil de l'orgasme peut être extrêmement bref ou très long ; tout dépend de la disposition d'esprit de chacun, de la pertinence des stimulations sur les zones érogènes, de l'efficacité de la fantasmagorie en cours, etc. Les idées reçues abondent en matière de sexualité. L'on prétend ainsi que l'orgasme est facile à atteindre pour l'homme. Soit. Mais pourquoi se contenter de ces assertions ? Avant d'être ronde pour tout le monde, la Terre était plate pour tous sauf un. Soyez cette visionnaire unique pour votre homme. Découvrez avec lui l'étendue de ses possibilités viriles. Vous agiter en rythme jusqu'à son éjaculation prouve votre bonne volonté, pas votre amour puisqu'il dispose, lui aussi, d'organes *a priori* non répertoriés comme sexuels et qui, gentiment apprivoisés, le deviennent pour sa plus grande joie. Tordez le cou à cette autre idée reçue selon laquelle l'or-

Les préliminaires comprennent avant tout le long travail d'émancipation par rapport aux pressions familiales, sociales, religieuses et autres qui inhibent davantage la femme que l'homme.

gasme nécessite chez vous de longs et fastidieux préliminaires : vous ressentez de robustes et tonitruantes envies d'un « bon p'tit coup à la hussarde » ? Hé bien, dites-le! Quant aux préliminaires, ils comprennent avant tout le long travail psychologique d'émancipation par rapport aux pressions familiales, sociales, religieuses et autres qui inhibent davantage la femme que l'homme. De là à conclure que, décidément, l'homme a toujours le plus beau rôle, il n'y a qu'un pas que vous ne franchirez pas, puisque vous bénéficiez facilement de plusieurs orgasmes : un ou deux orgasmes clitoridiens, plus un ou deux vaginaux, parfois plus. Avouez que ça compense. En principe, l'homme peut généralement en vivre un, après quoi il doit encore attendre que le désir l'anime de nouveau. Cette panne momentanée – que l'on appelle « période réfractaire » ou « période de résolution » – se manifeste dans la plupart des cas, par un ramollissement rapide de la verge.

Les petites ficelles de la multiplication orgasmique. Enseignez-les à votre homme par amour autant que par intérêt personnel. Sachant que, plus vite il éjacule, moins il a de plaisir lui-même et plus il est privé du plaisir de vous en donner, apprenez à accélérer la montée de votre plaisir et apprenez-lui à ralentir la sienne. Les exercices sont simples, quotidiens et mixtes. Commencez par maîtriser vos émissions d'urine en les bloquant, pour sentir et apprivoiser les muscles concernés, puis en les débloquant rapidement mais sans forcer (deux ou trois blocages à chaque miction). Serrez les fesses et les muscles vaginaux quand vous êtes immobile, assise ou debout, et prenez l'habitude de faire ces exercices en voiture, en métro et même en marchant. Enfin, habituez-vous ensemble à retenir vos sensations pendant un long coït. Empêchez la vague de plaisir de devenir une déferlante en changeant immédiatement de position et de zone érogène à stimuler. Cette dispersion des sensations évite leur rassemblement trop fort. C'est simple, mais très efficace. Et si votre homme manque de maîtrise, ne le punissez pas en le harnachant d'un anneau pénien ; son efficacité n'est pas prouvée, mais sa dangerosité sur les corps caverneux de la verge et le canal de l'urètre, si.

Les femmes fontaines. Le verbe « éjaculer » se conjugue aussi bien au féminin qu'au masculin puisque, au moment de l'orgasme, chez beaucoup de femmes, les contractions périvaginales émettent une quantité variable de liquide un peu laiteux, odorant ou non. Celles dont les premiers orgasmes s'accompagnent d'une émission importante croient qu'il s'agit d'un jet d'urine incontrôlé. Qu'elles se rassurent : même si la composition de ce liquide est proche de l'urine, ce n'est pas le cas.

En réalité, entre le vagin et l'urètre, exactement au niveau du point G, les glandes de Skene sont constituées d'un tissu similaire à celui de la prostate masculine. Pendant l'excitation sexuelle, il semble que cette prostate féminine, pourtant trois à cinq fois moins lourde que celle de l'homme, se gonfle assez pour produire jusqu'à 50 ml de cette substance contenue dans le lubrifiant naturel du vagin. L'émission de ce que l'on nomme le sperme féminin (étant dénué de spermatozoïdes, le terme « liqueur » conviendrait sans doute mieux) n'est plus du tout considérée comme une anomalie, au contraire. De plus en plus d'hommes ambitionnent d'emmener une femme jusqu'à ce très haut sommet du plaisir, si formidable qu'il se traduit par une sécrétion supplémentaire. Faire de vous une femme fontaine, voilà le nouveau défi machiste !

LES ZONES ÉROGÈNES

Pour arriver à l'instant sublime, il faut connaître à la fois les *chemins* qui y conduisent et les *étapes* incontournables de ce voyage vers l'extase. Aussi allons-nous ensemble en tracer les routes.

Les *étapes* sont ces zones qui, richement innervées, vont, une fois stimulées efficacement (ce qui ne veut pas dire brutalement, bien au contraire), aboutir à la sensation de jouissance. Chez l'homme, ce sont la base du gland, le pourtour du gland et le point B. Chez la femme, ce sont le clitoris, le point G et le revers du col utérin.

Les *chemins* sont ceux qui vont vous mener à ces étapes, par des mouvements d'abord doux et lents, puis plus rapides et plus sensibles, chacun choisissant son trajet, son rythme et ses étapes, mais sans jamais s'arrêter avant d'être parvenu au but... et toujours en terrain humide. Pour le sexe aussi, la sécheresse est synonyme de désolation. Humidité, mobilité et habileté sont gages d'efficacité. Alors, en route pour ce voyage qui, dans la plupart des cas, commence par la pénétration. Qu'elle matérialise le début, le milieu ou la fin de votre partie de plaisir, elle en est le moment le plus émouvant et le plus important, et mérite donc que l'on s'y arrête. Même si vous ne devez en aucun cas vous arrêtez à ce moment !

L'éveil des sens commence par le choc violent de la naissance. La lumière, les bruits de voix, les odeurs, la peau touchée par des mains inconnues sont autant de sensations puissantes, sans doute désagréables mais indispensables à la maturation du jeune cerveau. Rapidement, par le contact corporel avec la mère, le contact buccal avec le sein maternel gorgé de lait tiède, l'enfant s'initie au plaisir. De ces balbutiements sensoriels à la découverte de la sexualité partagée, il y a des années d'apprentissage de la douleur, du bien-être, du désir, du manque, de la satiété. L'apprentissage et l'entraînement sont indispensables au maintien d'une sexualité épanouissante. L'apprentissage s'arrête si l'on renonce aux joies, aux plaisirs quels qu'ils soient, bref, au bonheur d'être vivant. Quant à l'entraînement, il concerne tous les actes quotidiens susceptibles de stimuler les sens : contempler de beaux paysages et le visage de l'autre, entendre de merveilleuses musiques et, parmi elles, la voix de l'autre, humer les algues, les fleurs, les mets, toucher le sable, la terre, les cheveux de l'autre, goûter les aliments, la peau de l'autre... Le corps entier est une zone érogène, source de plaisir infini.

Dans le domaine de la sexualité, tous les sens sont sollicités. Dès que vous êtes physiquement proche de l'autre, vos capteurs olfactifs s'enivrent déjà de ses odeurs. Vos capteurs auditifs s'émeuvent de sa voix, de son souffle, des battements de son cœur. Les récepteurs situés au bout de vos doigts perçoivent les émotions transmises par son cerveau à la surface de la peau. Cette osmose inaugure déjà l'acte sexuel bien avant que vos organes génitaux s'en mêlent. Pour plus de clarté, les zones sensorielles sont classées en familles primaire, secondaire, tertiaire ou potentielle.

Les zones érogènes primaires. Par « zones érogènes primaires », on désigne des zones du corps particulièrement riches en capteurs sensoriels – donc très réactives – dont la stimulation provoque une excitation sexuelle. La plupart des zones érogènes réagissent différemment selon la morphologie, la sensibilité et l'affectivité des individus, selon le type de stimulation (pincements, effleurages, caresses appuyées, baisers, coups de langue et autres) et, bien sûr, selon la qualité de la relation avec le ou la partenaire. Toutefois, au sein de cet ensemble de points sensibles, quelques-uns ont la capacité de mener l'individu jusqu'à l'orgasme avec un minimum d'action. Bien sûr, ceux-ci sont concentrés sur les organes génitaux : le clitoris et le point G chez la femme, la verge – tout particulièrement le gland – et le point B chez l'homme. Il n'y a rien d'étonnant à cela puisque le clitoris féminin et le gland masculin s'équivalent, tant sur le plan anatomique que sensoriel. Quant au point G de la femme, il se matérialise sur un tissu glandulaire tout à fait comparable à celui du point B de l'homme, c'est-à-dire le tissu prostatique.

Votre point G. C'est un tissu glandulaire périurétral dont la structure chimique ressemble à celle de la prostate masculine. Pas plus large qu'une pièce de monnaie, il est solidaire des glandes de Skène, dans la paroi antérieure du vagin, tout près de l'entrée. Vous pouvez vous offrir, sans l'aide de personne, un orgasme satisfaisant en vous massant ce point, manuellement (voir « Plaisir bien ordonné commence par soi-même », p. 18) ou à l'aide d'un jouet sexuel (voir « Les sex-toys », p. 15). L'intensité du plaisir éprouvé lors de sa stimulation dépend moins de sa sollicitation précise que des fantasmes et de la sensibilité de chacune. Tout orgasme, qu'il soit vaginal, clitoridien, anal ou autre, répond aux demandes psychoaffectives, conscientes ou non, de chacun.

Leur point B. Placé entre l'anus et le scrotum, il correspond à une zone particulièrement sensible de la prostate qui, en plus de nourrir les spermatozoïdes, joue un rôle prépondérant dans le plaisir masculin. Stimulée fermement mais pas trop, cette zone peut réagir en provoquant l'érection et même l'éjaculation. Pour cela, il n'y a pas d'autre solution que d'introduire un doigt dans l'anus. C'est en effet la seule méthode qui permette de localiser à coup sûr la prostate, cette glande si sensible à toute sollicitation digitale. Prenez la précaution de lubrifier généreusement (si vous manquez de crème lubrifiante, salivez, salivez!) le conduit anal pour éviter d'en irriter la muqueuse. Veillez aussi à avoir des ongles assez courts et parfaitement bien limés pour ne pas blesser. Inutile d'y enfoncer le doigt jusqu'au coude car la zone érogène se situe à quelques centimètres de l'entrée. Pour avoir peut-être souffert vous-même de pénétrations brutales, vous savez que le plaisir n'est pas proportionnel à la force exercée. C'est un acte d'amour, pas un toucher rectal… Donc, soyez lente et douce. Si votre homme désire être stimulé plus fermement, il vous le fera savoir.

Les zones érogènes secondaires. Situées en dehors des zones érogènes primaires, les zones secondaires désignent d'autres parties de peau ou de muqueuse qui, sollicitées par des caresses, provoquent par ricochet neuronal l'excitation des zones érogènes primaires et en optimisent la sensibilité.

Pour la femme, ce sont les seins, et tout spécialement les aréoles et les mamelons, ainsi que toute la surface de peau et de muqueuse comprise entre le haut du pubis et le haut du sillon interfessier. C'est-à-dire, de la face antérieure à la face postérieure, le mont-de-vénus, la vulve, les grandes lèvres, les petites lèvres, le périnée, l'anus et le sillon interfessier.

Pour l'homme, ce sont également les seins, et surtout les mamelons, ainsi que la surface comprise entre le haut du pubis et le haut du sillon interfessier. C'est-à-dire, sur la face antérieure, le pubis et tout l'appareil génital externe – donc le pénis, les testicules et le scrotum – suivis, sur la face postérieure, du périnée, de l'anus et du sillon interfessier.

Les zones érogènes potentielles. Elles comprennent tout ce qui, sur le corps, n'est pas déjà défini comme zone érogène primaire ou secondaire. Selon l'expérience de chacun dans son enfance, selon sa plus ou moins grande réceptivité aux stimulations tactiles, thermiques et autres, la moindre caresse d'une mèche de cheveux sur la saignée du coude, le plus petit coup de langue sur la nuque peuvent mettre en route l'enchaînement sensation/réaction/action.

Sur la partie supérieure du corps

❍ Le cuir chevelu, puisque le simple fait de soulever et de caresser la chevelure entraîne, par l'intermédiaire des minuscules muscles horripilateurs situés à la base de chaque cheveu et poil, un frisson agréable sur tout le corps.

❍ Les oreilles, dont le lobe adore être sucé comme une friandise, et dont le pavillon réagit merveilleusement aux petits coups de langue. Parce qu'il est pourvu de petits poils, donc de muscles horripilateurs, le conduit auditif externe peut, lui aussi, être stimulé par un souffle chaud et régulier (mais léger), surtout si, en même temps, la langue en titille doucement l'entrée.

❍ La bouche est généralement le premier orifice pénétré lors d'une rencontre amoureuse. Les lèvres sont extrêmement sensibles, surtout au contact des lèvres de l'autre ; quant à la langue, elle adore agacer, suçoter la langue de l'autre avant de s'y entortiller.

❍ L'arrière des bras, surtout si la caresse débute sur la nuque, hérisse délicieusement les poils (toujours grâce aux petits muscles horripilateurs) et entraîne des vagues de plaisir sur l'échine jusqu'au bas du dos.

❍ La saignée des coudes, parce que le sang y afflue et que l'épiderme y est très fin, est particulièrement sensible aux baisers, coups de langues et effleurements, tout comme l'intérieur des poignets.

❍ La paume des mains, bien qu'épaisse et solide, est un précieux champ d'investigation sensorielle à condition de l'appréhender avec les ongles ; de longues et douces griffures y transmettent des ondes d'excitation le long des bras, du cou et de la colonne vertébrale, parfois même ressenties jusqu'à l'arrière des genoux. Les merveilleux petits outils que sont les doigts, particulièrement sensibles puisque prévus pour nous assister en toute besogne décidée par notre cerveau, apprécient énormément les vacances que sont pour eux les massages et suçages, les mêmes manœuvres, finalement, que l'on imprime à une verge.

❍ La nuque et, à sa suite, toute la zone vertébrale jusqu'au sacrum, est le siège d'innombrables terminaisons nerveuses ; effleurages, caresses, lissages, pincements et mordillements y font merveille, même sur un ou une partenaire *a priori* mal disposé.

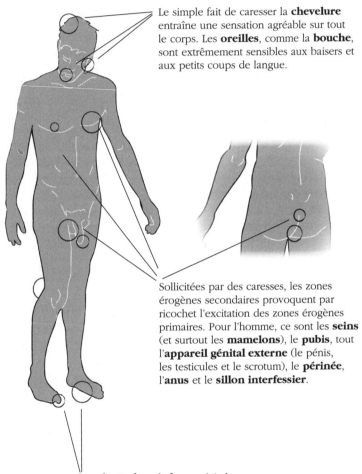

Le simple fait de caresser la **chevelure** entraîne une sensation agréable sur tout le corps. Les **oreilles**, comme la **bouche**, sont extrêmement sensibles aux baisers et aux petits coups de langue.

Sollicitées par des caresses, les zones érogènes secondaires provoquent par ricochet l'excitation des zones érogènes primaires. Pour l'homme, ce sont les **seins** (et surtout les **mamelons**), le **pubis**, tout l'**appareil génital externe** (le pénis, les testicules et le scrotum), le **périnée**, l'**anus** et le **sillon interfessier**.

La **plante des pieds** apprécie les caresses et les douces griffures tandis que les **doigts de pied**, tout comme ceux des mains, goûtent particulièrement les massages et les jeux de langue.

La **nuque** et, à sa suite, toute la **zone vertébrale** jusqu'au sacrum, est le siège d'innombrables terminaisons nerveuses ; effleurages, caresses, lissages, pincements et mordillements y font merveille.

Les caresses sur l'**arrière des bras** entraînent des vagues de plaisir sur l'échine et jusqu'au bas du dos. La **saignée des coudes**, parce que le sang y afflue et que l'épiderme y est très fin, est très sensible aux baisers, coups de langues et effleurements, tout comme l'**intérieur des poignets**.

Préparées par quelques effleurements depuis la nuque, les **fesses** sont toutes disposées à accueillir les caresses, mordillements et tapotements. L'**arrière des cuisses** réagit aux caresses par une onde d'excitation qui remonte le long de la colonne vertébrale jusqu'à la nuque. L'**arrière des genoux** a une peau très fine et réagit bien aux effleurements, aux coups de langue et aux baisers.

○ Les hanches et le ventre, c'est-à-dire l'ensemble du bassin, réclament aussi leur part de gentilles attentions. Quant au nombril, il adore être embrassé, léché et suçoté.

Sur la partie inférieure du corps

○ Les fesses, à condition de ne pas les aborder directement comme deux proies faciles. Il importe de les préparer aux caresses par quelques effleurements et lissages préparatoires depuis la nuque jusqu'au sacrum. Ainsi averties par le réseau nerveux de la colonne vertébrale, elles sont disposées à accueillir les caresses, pincements, mordillements et tapotements auxquels invite leur jumelle rotondité.

○ L'arrière des cuisses, dont toute stimulation se traduit, comme pour l'arrière des bras, par un plaisant hérissement des poils et une onde d'excitation qui remonte le long de la colonne vertébrale jusqu'à la nuque.

○ L'arrière des genoux – dont la peau est aussi fine et aussi irriguée que la saignée des coudes – et l'intérieur des poignets réagissent bien aux effleurements, aux coups de langue et aux baisers.

○ La plante des pieds réagit exactement comme la paume des mains, et les doigts de pieds sont à aborder de la même façon que les doigts des mains.

En conclusion, chaque centimètre du corps humain est susceptible d'être stimulé et d'avoir une réaction plus ou moins rapide et plus ou moins agréable selon les attouchements qu'on y exerce.

J ouer l'attente. Ratifiée par de nombreux psychothérapeutes confrontés à des couples atteints de désaffection sexuelle, la pratique sexuée mais non sexuelle se révèle hautement stimulante et excitante. Le moteur en est la notion d'interdit, qui, depuis l'enfance, stimule l'envie d'obtenir et de faire ce qui, précisément, est refusé. Vous allez pimenter votre relation amoureuse de séances où le jeu consiste à ne pas toucher du tout les zones érogènes primaires. Le succès est garanti car, non seulement l'interdit fait culminer le désir, mais l'excitation ainsi provoquée vous offrira des sensations insoupçonnées. Le premier organe sexuel est le cerveau! Les terminaisons nerveuses de la surface du corps ne sont pas toutes reliées directement aux organes sexuels, mais toutes dépendent du cerveau, qui est capable, par le truchement de l'imaginaire, de transformer puis de renvoyer le message sous forme d'influx nerveux là où l'imagination, précisément, l'attend de plaisir ferme. Ainsi, le simple fait de sucer longuement un doigt de votre partenaire à la manière d'une fellation sur sa verge va-t-il envoyer à celle-ci, par des voies indirectes mais très efficaces, des sensations très proches de celles reçues par son doigt, et ce jusqu'à une formidable érection. De même, si votre homme choisit de vous lécher et de mordiller amoureusement un orteil, il est probable qu'en réponse à cette stimulation votre clitoris relèvera son petit capuchon. Excitante et frustrante, cette pratique prélude à un sacré souvenir d'accomplissement!

> *Le jeu qui consiste à ne pas toucher les zones érogènes primaires, se révèle hautement excitant. Le moteur en est la notion d'interdit, qui stimule l'envie de faire ce qui, précisément, est refusé.*

Pour stimuler n'importe quelle zone érogène sans déplaire, commencez toujours par la zone de départ ou d'arrivée du système nerveux. Par exemple, pour aborder l'arrière des genoux, débutez par des caresses appuyées (pour éviter la sensation chatouilleuse, amusante mais démotivante en matière d'approche sensuelle) sur les doigts de pieds, les pieds eux-mêmes, les chevilles et les mollets. Ainsi apprivoisé par vos mains, le système sensoriel de l'arrière des genoux non seulement s'attend à être touché, mais il l'espère. Ou, toujours pour l'exemple de l'arrière des genoux, commencez par caresser la zone lombaire de la colonne vertébrale (la taille), puis descendez sur les fesses et les cuisses. Enfin, après ces caresses appuyées qui apaisent le système nerveux, vous pourrez en diminuer progressivement l'intensité jusqu'à effleurer cette fine zone sans risquer de prendre un coup de pied réflexe...

LA PÉNÉTRATION

Depuis les premiers balbutiements de l'humanité, la pénétration, avant d'être un plaisir, est une nécessité, car la survie de l'espèce dépend avant tout de la capacité de l'homme à introduire son sexe dans le vagin de la femme et à y déposer sa semence. C'est donc la plus naturelle et la plus incontournable des pratiques sexuelles.

La nature, qui a tout prévu, a pourvu les hommes et les femmes d'organes reproducteurs, mais aussi d'un programme spécial capable de leur donner l'envie de s'en servir, donc de copuler. Par commodité, baptisons « instinct » ce programme, et « stimuli sensoriels » ce qui rend possible la mise en actes de l'instinct.

Les stimuli sensoriels

○ Le stimulus visuel se fait par l'intermédiaire de ce qui, sur le corps de l'autre partenaire, va donner l'envie de s'en approcher et de s'y emmêler.

○ Le stimulus olfactif est dû aux phéromones[1] émises par l'homme et captées par la femme, et réciproquement.

○ Le stimulus tactile a lieu par le contact de deux épidermes (ongles et cheveux compris).

○ Le stimulus auditif est engendré par les petits mots chuchotés, les couinements et petits cris émis par l'un à l'intention de l'autre.

Si, ordinairement, l'homme est attiré d'abord par des seins généreux, des hanches larges, des cuisses rondes, une belle peau et de beaux cheveux, c'est que ces caractéristiques indiquent *a priori* une femme capable de maternité. En effet, peau élastique et cheveux brillants sont des signes de santé. Les hanches larges assurent que l'enfant pourra s'y développer à l'aise, tandis que les cuisses rondes garantissent, par leur réserve graisseuse, que, même en cas de disette, la femme aura de quoi nourrir l'enfant pendant les neuf mois requis. Quant aux seins généreux, ils font supposer à l'homme que, une fois né, le bébé aura de quoi manger au moins pendant deux ou trois ans. Tout aussi traditionnellement, si la femme est d'abord attirée par un homme musclé, large d'épaules, au bassin étroit et aux jam-

---

1. Sécrétions exocrines odoriférantes déclenchées par des glandes.

bes puissantes, c'est que ces caractéristiques sont garantes de virilité – donc de capacité à la féconder – et de force – donc de capacité à la protéger et à protéger les enfants à venir.

Enfin, toujours dans le but inconscient et grégaire de devenir chef du groupe, chacun tente de s'unir au plus beau spécimen de l'autre sexe. Pour ce faire, l'homme et la femme s'efforcent de stimuler en l'autre l'envie de s'accoupler. Au xxIe siècle, la règle demeure ; même ceux qui se passeraient volontiers de sexualité se sentent affligés le jour où l'autre exprime son propre désintérêt. Même très âgés, les hommes ont à cœur de se savoir capables de pénétrer une femme, et les femmes tiennent à susciter encore chez eux l'envie de les pénétrer. La pérennité du désir manifeste de l'autre semble être un précieux antidote contre la dépression et la sénescence ; c'est pourquoi il importe à chacun de pouvoir vérifier régulièrement l'excitabilité de l'autre.

> *Pour une bonne pénétration, il importe avant tout que les deux partenaires soient consentants; c'est peut-être un poncif, mais c'est incontournable.*

Pour une bonne pénétration, il importe avant tout que les deux partenaires soient consentants ; c'est peut-être un poncif, mais c'est incontournable. Même au sein d'un couple uni depuis longtemps et béni par les dieux et la loi, il convient de s'assurer que l'autre est dans de bonnes conditions physiques et psychologiques avant de l'inviter aux jeux sexuels. Les caresses ne suffisent pas toujours. Il est conseillé de créer une atmosphère propice à la réceptivité de tous les sens, depuis l'intimité du lieu jusqu'aux parures vestimentaires et corporelles, en pas-

LES DIX COMMANDEMENTS DE LA PÉNÉTRÉE

▶ Aguicheuse tu es, pénétrée tu seras.

▶ Sans être bien mouillée jamais tu ne commenceras.

▶ Sans protection jamais tu ne laisseras entrer.

▶ Avec la main vers l'entrée tu dirigeras.

▶ Par des contractions la verge tu encourageras.

▶ Par des gémissements l'homme tu stimuleras.

▶ Par des ondulations le rythme tu donneras.

▶ Avec tes jambes ses hanches tu enserreras.

▶ De ton vagin sa verge tu caresseras.

▶ Virtuose du bassin ainsi tu deviendras.

sant par l'ambiance visuelle et sonore. Dès lors, les partenaires ont toutes les chances de parvenir à la réciprocité du désir puis à la simultanéité du plaisir de pénétrer et d'être pénétrée.

Rythme, force et profondeur

Pour un observateur extérieur, l'acte sexuel est empreint d'une grande violence alors qu'en fait, il se doit d'être d'une grande douceur et d'une douce violence. Toute stimulation nerveuse qui veut aboutir à une décharge doit être progressivement croissante en intensité et continue ; tout ralentissement ne visant qu'à reculer pour mieux sauter, l'on doit commencer lentement puis augmenter le rythme des mouvements. Il faut surtout savoir interpréter les signaux de votre partenaire pour se fondre dans un même rythme avant l'acmé terminale. Tous les recoins sont explorés par des mouvements de va-et-vient, circonférenciels, d'avant en arrière et de bas en haut, en gardant toujours le contact.

Veillez toujours à ce que l'homme soit bien enserré. Si son pénis est trop fort par rapport à la profondeur de votre vagin au point de vous faire mal et d'entraîner un réflexe contractile de rejet, enserrez doucement la base de son pénis avec votre main, façon butoir pour enrayer ses coups de boutoir, cependant qu'avec vos mollets autour de ses hanches, vous freinez ses ardeurs sans qu'il s'en rende compte. À l'inverse, si son sexe est trop court, ouvrez vos cuisses au maximum et plaquez-le contre votre vulve avec vos jambes autour de son dos. Ceci nous amène tout naturellement à évoquer les circonstances et les postures...

QUELQUES POSTURES

Écrit en Inde aux environs du VIe siècle à l'intention de la société des notables et des aristocrates, le *Kamasutra*[1] était destiné à célébrer et à améliorer les relations entre les hommes et les femmes, notamment au sein du couple. En effet, cet ouvrage empreint de sagesse tenait compte des exigences naturelles des individus et de l'importance qu'il y avait, non à les en priver mais, au contraire, à les intégrer au mieux dans la vie quotidienne. Entre autres exigences se trouvent celles du corps qui réclame sa part d'exultation, tout comme l'esprit curieux a faim de savoir. À l'aide d'illustrations réalistes, le *Kamasutra* ambitionnait de déculpabiliser et de légitimer les pulsions sexuelles en aidant chacun et chacune à explorer toutes les possibilités de plaisirs sexuels et à les optimiser par une meilleure maîtrise de soi et une meilleure connaissance de l'autre. Si la morphologie, le manque de

---

1. Recueil (*sutra*) de sentences et d'aphorismes sur l'amour et la jouissance (*kama*).

souplesse et les douleurs articulaires rendent impossibles ou dangereuses certaines positions décrites dans ce livre, en feuilleter à deux les illustrations peut agréablement pimenter une soirée et, pourquoi pas, préluder à une nuit exaltée.

Laissons aux sportifs en mal de spectaculaire les postures si acrobatiques qu'elles donnent surtout envie de dormir seul. En amour, il importe d'être inventif, imaginatif et de se dire que tout est permis à partir du moment où cela procure du plaisir aux deux partenaires sans faire de mal. Le premier grand principe est de choisir une position que chacun pourra garder sans effort, ni crampe, ni contracture douloureuse pendant un temps qui, je vous le souhaite, sera le plus long possible, tout en vous paraissant très court. Le deuxième grand principe est de pouvoir se mouvoir et faire se mouvoir l'autre sans risque de se cogner ou de faire de dégâts autour de soi. Le troisième grand principe est l'accessibilité aux zones érogènes : si, dans le feu de l'action, l'envie lui prend de vous embrasser les seins, il doit pouvoir le faire facilement. Enfin, quatrième principe, c'est l'occasion qui fait la position… Toutefois, pour les débutantes, les femmes pressées, les routinières, les timides et toutes celles qui ne demandent qu'à apprendre, voici quelques propositions qui ont fait leurs preuves, depuis les postures les plus connues jusqu'à d'autres aux appellations moins classiques.

L a position de la levrette. Héritée de l'époque d'avant l'*Homo erectus*, elle nous aide peut-être à comprendre pourquoi, de tous temps, les hommes préfèrent en général les femmes à taille fine. En effet, au moment du coït, les anciens quadrupèdes avaient plus de facilité à retenir avec leurs membres antérieurs une femelle étroite au niveau de l'abdomen et larges de bassin. Est-ce ce souvenir persistant de son cerveau archaïque qui excite tout particulièrement votre homme lorsque vous vous présentez à quatre pattes devant lui ? Toujours est-il que cette position est très prisée par l'homme. Elle lui permet de satisfaire ses fantasmes de domination sur la femme soumise, puisque pénétrable sans obstacle et secouable sans ménagement. Les femmes acceptent cette position si elles sont vraiment en confiance ou si elles aiment être dominées, voire violentées. Votre partenaire peut vous malaxer le dos et vous pétrir les seins, qui sont d'ailleurs encore plus sensibles du fait de l'afflux de sang inhérent à la position. Il satisfait aussi son fantasme de voyeur puisque, si vous ne le voyez pas, lui peut tout voir de ce fessier offert qui le fascine. Il s'agenouille jusqu'à y introduire son pénis. Pénétration grandement facilitée puisqu'il peut s'enfoncer entièrement dans ce vagin exactement positionné pour le recevoir jusqu'au fond. L'homme oriente son sexe en toutes directions, notamment vers le bas, c'est-à-dire en l'appuyant sur la paroi antérieure de votre vagin, ce qui stimule votre point G. Agenouillé, l'homme

peut vous enlacer et vous caresser les seins, le ventre, la vulve et, bien sûr, le clitoris. En se redressant, le pénis toujours en vous, l'homme peut vous caresser la nuque, le dos et les fesses tandis que, finalement, vous ne pouvez guère faire autrement que subir ces délicieux outrages. Outrages puisque, bien planté sur ses deux genoux derrière vous, l'homme peut être tenté de visiter votre orifice anal. Eh oui, la position de la levrette représente le suprême cadeau que vous faites à votre homme : vous vous y offrez nue vraiment, impudique, soumise et… confiante ! Cependant, cette posture vous mènera vous aussi à l'orgasme si vous savez orienter votre bassin pour que, en fonction de la forme du sexe de votre partenaire, la partie antérieure de votre vagin se trouve stimulée. C'est donc à vous soit de plier les bras pour que vos fesses soient plus hautes que votre tête, soit de faire le dos rond, soit encore de vous redresser à la fin sur vos genoux, ce qui va procurer à votre partenaire une impression d'enserrement qui augmentera sa jouissance au moment de l'éjaculation.

Débutante ou timide, vous pouvez, dans un premier temps, apprivoiser l'idée de cette posture en vous mettant d'abord à plat ventre afin que votre homme s'allonge sur vous ; cela atténue la gêne de l'exhibition tout en assurant l'intensité des sensations, même si la pénétration est moins facile.

L**'Andromaque ou brouette chinoise.** C'est la revanche des femmes lassées de la levrette. L'homme est étendu sur le dos tandis que vous êtes accroupie ou agenouillée sur lui, dans une posture nettement dominante. C'est votre tour de maintenir et de retenir votre homme dans la position du soumis en bloquant ses mains le long de son corps avec vos genoux ou vos mains. À vous d'enrober sa verge de vos nymphes, puis de l'introduire dans votre vagin. Selon l'inclinaison de votre buste, vous stimulez votre point G à la demande et hop! un bel orgasme vaginal… En remontant le long de sa verge pour vous caresser la vulve contre son gland, vous vous offrez, par-ci par-là, un, deux, trois orgasmes clitoridiens, histoire de lui montrer que vous n'êtes pas sans ressource. Enfin, bonne fille et amoureuse,

vous ondulez du bassin jusqu'à réintroduire sa verge dans le fourreau humide du vagin. Lascive et oscillante, vous lui offrez alors un tour de manège en imprimant à votre bassin le mouvement des danseuses du ventre jusqu'à ce qu'il soit temps de retrouver le rythme de son va-et-vient, puis de le mener à un bel orgasme. Même macho, votre homme va apprécier d'être dominé, surtout qu'après sa petite phase de résolution, vous lui proposez de réitérer en lui laissant les mains libres cette fois. En plus de permettre une contemplation réciproque, l'Andromaque est particulièrement recom-

mandée lorsque l'homme a du mal à retenir ses élans éjaculatoires; ainsi maîtrisé par vous dans le désir et le plaisir, il
apprend à se maîtriser lui-même.

Une variante de l'Andromaque. Lui est allongé, bras et
jambes en extension, avec l'interdiction de faire le moindre mouvement. Agenouillez-vous au-dessus de lui, cuisses
écartées de chaque côté de son torse, les bras relevés, totale-
ment offerte à son regard. Vous commencez par l'embrasser
sur la bouche avec votre vulve (qu'il est préférable d'avoir
débarrassée de son système pileux) puis, sans autrement
le toucher, vous descendez pour embrasser de la même
manière ses mamelons, doucement, avec des petits mouvements de succion de votre sexe plaqué contre son sein.
Vous continuez à descendre et vous sentez alors sa verge
en érection. Vous promenez doucement votre sexe dessus
en l'enserrant avec les grandes lèvres, de façon à exciter
votre clitoris. Quand vous sentez l'imminence de l'orgasme,
vous vous penchez en avant pour faire pénétrer en vous
son pénis. Si et lui et vous parvenez à vous retenir encore
un petit peu, remontez le long de son sexe jusqu'à ce que
vos petites lèvres affleurent l'extrémité du gland. Procédez
à quelques pénétrations superficielles afin qu'il puisse voir
l'entrée de votre vagin sur lui, puis, d'un seul coup, descendez, pubis contre pubis, excitant ainsi en même temps son
gland, votre clitoris, la base de sa verge et votre point G.
C'est dans cette position que vous avez le plus de chances
d'exploser ensemble et de constater que, vous aussi, vous
êtes une femme fontaine.

L a position du missionnaire. Pour l'anecdote, cette
position ayant été reconnue par plusieurs Églises
comme la plus favorable à la procréation, elle fut pratiquée

par les pasteurs missionnaires de l'Église protestante, puis enseignée aux « peuplades primitives » à mesure de leur évangélisation. Naturelle, classique, routinière, statique et pratique, elle a ses adeptes. C'est la position des débutants. Allongée sur le dos, jambes écartées, passive, vous laissez l'homme s'allonger sur vous, ses jambes entre les vôtres. En appui sur ses genoux et sur ses coudes, il contrôle le rythme et la profondeur des pénétrations. S'il est lourd, dès le début chuchotez sans vergogne : « N'oublie pas de mettre les coudes » car ensuite, tout à son affaire, il risque de vous écraser. Cette position convient mal à un éjaculateur précoce puisque, en favorisant le plaisir masculin, elle favorise aussi l'éjaculation. Bien qu'un peu pénalisée par cette position, vous avez pourtant la possibilité, en cours de route, de relever une jambe et de la replier sur le dos de votre homme, afin de mieux stimuler la zone clitoridienne. Moyennement « rentable » sexuellement, la position du missionnaire est appréciée pour son romantisme puisque les deux partenaires peuvent se regarder l'un l'autre et s'embrasser tout au long de la séance.

Une variante de la position du missionnaire. Elle vous permettra, si vous le souhaitez, d'être pénétrée très profondément et lui donnera la possibilité de déployer autant de vigueur que dans la position de la levrette. Allongée face à lui, qui se tient à genoux, demandez-lui de mettre ses mains sous vos fesses et de les soulever afin que vous puissiez passer vos jambes autour de son cou. L'avantage, pour lui, est l'intensité de la pénétration et, pour vous, d'avoir votre point G directement dans l'axe de son sexe. Il peut aussi attraper vos chevilles et écarter vos jambes, pour ainsi se regarder en train de vous faire l'amour.

La position des cuillères. C'est la position de la levrette tombée de sommeil : tournés tous les deux sur le même côté, vous devant lui, jambes un peu repliées, exactement comme deux cuillères dans le tiroir. Pour réchauffer vos pieds, vous les collez sur ceux de l'homme, qui, encouragé à tort par cet innocent contact, chuchote dans votre cou : « Bon… on dort ou quoi ? » Déjà somnolente, vous balbutiez : « Moi, je suis trop fatiguée, je ne bouge plus. Mais toi, fais comme tu veux. » Et, déjà un peu excité par la chaleur de vos fesses sur son bas-ventre, mais fatigué aussi, il bande un peu, il vous pénètre un peu aussi. C'est agréable, doux, tranquille. Finalement, ça vous réveille mais pas trop. Son sexe musarde paresseusement dans le vôtre, content mais pas exigeant ; emboîtés, soudés dans ce coït modeste, laissez-vous conduire vers un orgasme discret, et puis vers le sommeil (pensez quand même à vérifier le préservatif). La position des cuillères scelle entre vous deux un pacte de connivence. Car il en faut, de la connivence, pour se faire l'amour sans se regarder, sans se dominer, sans rien exiger. L'orgasme viendra ou ne viendra pas, peu importe… C'est l'une des rares postures qui permettent une sexualité sans fatigue et sans danger tout au long de la grossesse.

L e 69. Célébrée par Serge Gainsbourg en… 1969[1], cette posture mythique est appréciée autant par les femmes que par les hommes. Pourquoi 69 ? Parce que la tête du six et celle du neuf symbolisent vos deux têtes. En étant allongés tête-bêche, l'un sur l'autre ou l'un à côté de l'autre, mais toujours ventre contre ventre, le visage de chacun contre le sexe de l'autre, cette posture permet de goûter ensemble toutes les caresses bucco-génitales : fellation et cunnilingus simultanés. Il est rare que le 69 soit adopté au commencement d'une histoire amoureuse, car l'exploration directe de l'intimité de l'autre peut heurter la pudeur. En revanche, lorsque la confiance s'installe entre vous, chacun devinant que l'autre l'apprécie entièrement, c'est sans complexe ni

---

1. « *69, année érotique* », interprétée par Jane Birkin, paroles et musique de Serge Gainsbourg.

tabou que vous vous y adonnez, pour votre plus grand plaisir et celui de l'homme.

L'offrande à l'homme. Allongée sur le dos en travers du lit, les fesses reposant sur l'extrême bord du matelas et les pieds posés sur le sol, vous attendez que l'homme, debout devant le lit, s'accroupisse devant vous, son visage contre vos genoux encore serrés. Alors, tout doucement, vous ouvrez vos jambes le plus largement possible, jusqu'à sentir votre vulve s'ouvrir devant les yeux de votre homme émerveillé et probablement déjà très excité. Il s'agenouille alors entre vos cuisses pour contempler, embrasser et vous lécher la vulve, les nymphes et le clitoris, ce qui vous plonge à votre tour dans un état d'excitation extrême. Ensuite, verge en main, il caresse votre sexe avec le sien, puis, en prenant soin de le lubrifier de salive, il pénètre votre vagin. Sa posture, verticale face à votre horizontalité, entraîne une position très particulière de son pénis, ce qui vous offre à tous deux des sensations nouvelles et d'autant plus variées que vous pouvez relever votre bassin et le balancer vers le haut ou sur les côtés. Ainsi étendue sur le dos, donc sans fatigue posturale, vous ressentez intensément les mouvements que votre homme imprime à son sexe en vous. Cette offrande faite à l'homme vous offre à vous, en plus de sensations exquises, le joli spectacle de son corps tout entier dévolu au vôtre.

L a **balancelle.** Assis, les jambes un peu ouvertes allongées devant lui, votre homme vous invite à vous asseoir entre ses cuisses. Passez vos jambes par-dessus les siennes, de chaque côté de ses hanches. Vos sexes se frôlent à peine. Après quelques caresses préliminaires, son sexe s'érige et vous sentez le vôtre déjà bien mouillé. Lentement, quand pénis et vagin se réunissent complètement, attrapez-vous les mains et balancez-vous d'avant en arrière, l'un s'allongeant tandis que l'autre penche le buste en avant, et réciproquement. Ce balancement alternatif, en modifiant chaque fois l'orientation de son sexe en vous, va vous procurer des sensations diverses et fort agréables jusqu'à parvenir chacun à l'orgasme. Là, fesses contre fesses,

demeurez réunis par le sexe puis allongez-vous chacun en arrière. Vous vous quittez des yeux, mais vos doigts se touchent encore. Après sa période normale de résolution, sans que vous bougiez ni l'un ni l'autre, une nouvelle onde de désir va vous parcourir à nouveau. Toujours immobiles, laissez-la vous porter jusqu'à un plaisir sans doute encore plus intense... Un nouvel orgasme va vous submerger, peut-être même aurez-vous la chance de le vivre au même instant.

L e tape-cul de lavandière. Cette position est inspirée de la posture particulière des lavandières d'autrefois, agenouillées dans leur demi-caisse en bois au bord du lavoir. Fesses posées sur les talons de leurs sabots quand elles savonnaient le linge, fesses à demi soulevées quand elles frappaient le linge au battoir, et fesses redressées quand elles agitaient le linge dans l'eau du lavoir. C'était un spectacle fort réjouissant pour les hommes qui les contemplaient. Et c'est un spectacle aussi réjouissant que vous allez offrir à l'homme qui, justement, vous attend : allongé, le buste un peu relevé, en appui sur ses coudes repliés ou sur ses mains, bras tendus, les jambes allongées devant lui, parfaitement détendu. En lui tournant le dos, agenouillez-vous sur lui, vulve ouverte au-dessus de son ventre. Flattez et caressez son sexe d'une main tandis que, de l'autre, vous massez doucement ses testicules et son périnée. Lorsque sa verge se durcit et s'érige, penchez-vous vers elle et prenez seulement le gland dans votre bouche. Léchez-le, enduisez-le de salive puis caressez-vous nymphes et clitoris avec. Ensuite, après l'avoir mouillé de nouveau si besoin est, introduisez-le dans votre vagin en tortillant des fesses et en ondulant des hanches. Votre homme, pendant ce temps, contemple votre dos et vos fesses en vous laissant manœuvrer. Si vous avez les cheveux longs, cambrez-vous vers l'arrière jusqu'à ce qu'ils lui caressent le buste et le ventre. Enfin, offrez-lui un généreux va-et-vient en soulevant et en abaissant vos fesses à un rythme régulier, d'abord assez lent, en suivant ses petits gémissements et sa respiration, puis de plus en plus rapide jusqu'à l'orgasme. En plus d'offrir un spectacle fortement érotique à votre homme, le tape-cul de lavandière vous offre, à vous, l'avantage, le cas échéant, de pouvoir vous stimuler le clitoris en même temps que son pénis vous stimule le vagin.

L**a clématite.** À la façon de cette plante qui s'entortille aussi bien sur ses propres lianes que sur ce qui la jouxte, vous allez ensemble vous enlacer au plus serré. Assis face à face, vos jambes enserrent sa taille et les siennes entourent vos fesses. Vos seins contre les siens, chacun enlace l'autre de ses bras refermés et vos bouches sont mêlées. Cette posture présente l'avantage d'une étreinte totale. Appliquez-vous à bouger le moins possible pour prolonger au maximum cette fusion.

L**'homme de quart.** C'est celui qui reste à la barre du bateau pendant que l'équipage se repose. Lorsque vous vous sentez paresseuse, c'est-à-dire lascive et passive, cette position est faite pour vous. Couchée sur le côté gauche, la jambe droite repliée sur la gauche allongée, vous attendez que votre homme prenne la barre. Il s'agenouille de part et d'autre de votre cuisse gauche puis relève votre jambe droite verticalement et la serre contre lui avec son bras gauche. Ainsi dégagée, votre vulve devient très accessible à sa verge. Après quelques préliminaires destinés à vous exciter assez pour lubrifier votre vagin, votre homme va pouvoir, à son aise et à sa guise, vous pénétrer profondément mais lentement. Très lentement, même, car si

cette position favorise pour vous deux un coït optimal, des mouvements frénétiques vous déséquilibreraient et, pire, gâteraient votre plaisir réciproque. Faut-il préciser que la position de l'homme de quart peut se faire aussi bien en vous allongeant sur le côté droit ?

SELON LES CIRCONSTANCES

Un coucher de soleil sur l'horizon peut vous coucher sur le capot de la voiture ; une chanson leste à la radio vous fait volontiers sauter le repas *et* votre convive ; qu'un sein ou qu'un phallus flotte gentiment sur la mousse de la baignoire et c'est parti pour une luxurieuse inondation de la salle de bains ; quant aux talus des promenades vicinales et dominicales, ils ne sont pas faits que pour souffler... D'ailleurs, souffler n'est pas jouir.

Assise sur ses genoux. Sa main, posée naturellement sur votre genou, remonte sous votre jupe fendue, rencontre le haut du bas et continue le long de la cuisse jusqu'à la vulve et là, ô surprise, ne palpe aucun autre tissu que celui déjà humide de votre intimité entrouverte. Prestement, vous libérez son sexe en ouvrant son pantalon, vous l'introduisez doucement dans votre vagin et l'engouffrez en vous complètement. Vous pouvez alors vous mettre face à lui en passant une jambe au-dessus de sa tête. Soit cette jambe reste perpendiculaire à lui, soit elle continue le mouvement jusqu'à ce que vous lui présentiez votre dos afin que l'homme puisse remonter ses mains sous votre haut et étreindre vos seins. Des mouvements lents d'avant en arrière l'amèneront alors rapidement à l'orgasme.

Debout, les yeux dans les yeux. Seuls et nus sur une plage, ou toujours seuls mais un peu moins nus dans l'ascenseur, visages et bustes collés, c'est tentant… C'est d'ailleurs le seul intérêt de cette posture idéale en cas d'urgence car, à moins d'une chance extraordinaire, pour que vos sexes coïncident, vous devez vous tenir sur la pointe d'un pied, entourer vos bras autour du cou de votre homme, lever l'autre jambe et la replier derrière lui en calant votre genou sur sa hanche. D'une main, il doit retenir votre jambe relevée, de l'autre il vous soutient (ou se retient à vous) tout en pliant ses jambes afin que son sexe arrive face au vôtre. Hâtez-vous car, tendus tous les deux dans ces positions instables, vous ne disposez que de quelques instants pour désirer, coïter et jouir. Inconfortable et, la plupart du temps, frustrante, la position offre le plaisir gamin de courir ensuite ensemble pour trouver très vite une voiture, une banquette, un talus, une banquette, un talus, bref, un petit coin bien caché où jouer une partie de sexe en liberté.

S **ous la douche.** Le savonnage mutuel l'a suffisamment excité pour lui donner l'envie de vous prouver sans plus attendre son amour pour vous. Mettez ses mains sous vos fesses, passez vos jambes autour de ses hanches et laissez-le vous pénétrer. L'eau courante est une lubrification idéale. Laissez-lui l'initiative des mouvements de bas en haut qu'il fait en fléchissant les genoux, mais protégez le robinet : un faux mouvement peut transformer en douche froide ou brûlante la délicieuse tiédeur de l'eau, ce qui briserait tout votre élan. Attention aussi à ne pas faire durer trop longtemps cette position assez inconfortable et potentiellement dangereuse pour l'homme puisque, à l'instant de tout orgasme, le sang affluant dans la zone génitale force le cœur à battre plus vite. Si en plus il vous porte, son cœur doit fournir un très gros effort, trop gros peut-être, et battre encore plus vite, trop vite…

L'**amour dans le bain.** À son arrivée, il vous découvre dans un bain de mousse, la baignoire éclairée par des chandelles que multiplient les miroirs. Invitez-le à vous rejoindre en se glissant derrière votre dos, cuisses écartées. Après avoir excité son pénis avec les mains, vous le faites pénétrer en vous. Le clapotis de l'eau rythmant la montée du plaisir ajoute au charme de ce moment aquatique.

D**ans un lit, tout simplement.** Choisissez une position très tendre et relaxante. Vous lui présentez votre dos, vos fesses reposant sur ses cuisses repliées en guise de siège confortable. Guidez-le pour qu'il embrasse par petits baisers successifs votre colonne vertébrale de bas en haut jusqu'à la nuque tout en enserrant vos seins de ses mains. Doucement, promenez votre vulve sur son pénis afin de stimuler votre clitoris. Quand vous le sentez vibrant et brûlant, laissez-le vous pénétrer et vous inonder.

SUPER-PROGRAMME
POUR ORGASMES MULTIPLES

Peur de le laisser sur sa faim au point qu'il aille chercher satiété ailleurs ? Faites-le jouir excessivement, puisque les maints marivaudages découragent tout cocufiage. Vous pensez n'être pas équipée pour être l'unique, l'incomparable dont il sera définitivement addict ? Prenez exemple sur ce violoniste qui, ayant achevé avec brio un concert malgré une corde cassée, s'amusa ensuite à en casser une ou deux pendant ses récitals, jusqu'à finalement composer une « fantaisie sur la corde *sol* ». Lisez ce qui suit et, même s'il manque des cordes à votre arc, vous deviendrez le Paganini de sa musique spasmodique…

L a **fellation.** Cette « petite gâterie » consiste à flatter sa verge avec votre langue et vos lèvres, puis à l'introduire dans votre bouche comme dans un petit vagin. Votre homme en rêvait dès les prémisses pubertaires et il en rêvera jusqu'à son plus sénile orgasme tant les sensations sont d'un intense érotisme ; si fortes qu'elles suscitent rapidement orgasme et éjaculation, même chez les plus inhibés de la libido.

La première fellation que vous offrez vous rebute et vous embarrasse : l'idée de lécher ce qui fait pipi, la sensation d'étouffer quand le sexe gonflé vous emplit la bouche et tente de s'enfoncer dans la gorge, la régurgitation, enfin, quand cette encombrante turgescence s'en va et vient comme un bourrin... Vrai, ça donne plutôt envie de fuir, mais que les débutantes se rassurent : un peu de temps, de pratique et d'amour suffisent à apprivoiser « la bête » et à y prendre plaisir.

Adoptez une position confortable que vous pourrez tenir longtemps car, tout à son plaisir, lui ne s'inquiétera pas de vos crampes ou de vos cheveux coincés. Les néophytes ont intérêt à commencer agenouillées entre les jambes du monsieur. Ainsi peuvent-elles, penchées au-dessus du sexe, manœuvrer en toute liberté. Après les petites flatteries de votre langue sur le gland et le prépuce, au moment de la mise en bouche, prenez tout de suite le commandement : c'est vous qui offrez la fellation et non lui qui se masturbe dans votre bouche. Votre cavité buccale étant deux fois inférieure au volume d'une verge turgescente, réduisez-en l'encombrement en emprisonnant la base dans une main. À condition d'enduire votre paume de salive, l'homme ne sentira aucune différence entre la chaude salive palmaire et la chaude glaire vaginale.

Vous pourrez alors tout à votre aise sucer et aspirer habilement gland et haut de la verge, déglutir votre salive sans vous
étouffer et avaler son sperme sans le régurgiter. Toutefois, s'il
vous arrive de suffoquer lors du « pompage » buccal, insalivez
au maximum la verge et guidez-la hors de votre bouche tandis que votre main prend le relais en exerçant le mouvement
de pression-pompage. Peu de chance que l'homme sente la
différence. Au fait : avaler ou pas ? Il adore la succion exercée sur son gland au moment de déglutir, mais rien ne vous
empêche de recevoir le sperme à la façon des hamsters :
réservez-le entre vos dents et vos joues, et avalez votre salive
(le sperme ? discrètement sur la literie). Pas vue, pas prise, et
son plaisir sera le même.

Lorsqu'il appuie doucement (mais fermement) votre
tête vers son sexe pour une fellation, sachez que l'homme
confie ce qu'il a de plus précieux (son phallus) à ce que
vous avez de plus dangereux (vos dents). Certaines s'en
émeuvent (« Quelle merveilleuse confiance il a en moi… »),
d'autres s'en réjouissent secrètement (« Au moins, quand
je le suce, il laisse mon cul tranquille… »), d'autres encore
s'en offusquent (« Maudit cochon, même pas peur que je le
morde tellement il aime ça ! ») ou s'en attristent (« Comme il
ne voit pas ma figure, il peut penser à qui il veut sans s'en-
combrer de sentiments ! »).

C'est vraiment pour lui faire plaisir. Pour vous qui voulez réjouir votre homme tout en détestant la fellation, voici
une petite astuce qui, si vous l'effectuez bien, fera passer
pour fellation une manœuvre masturbatoire sans qu'il s'en
aperçoive. Adoptez une position qui vous permette d'échapper à son regard (par exemple, la position du 69 ou celle du
tape-cul de lavandière) ou, si vos cheveux sont assez longs,

laissez-les vous encadrer le visage. Salivez le plus possible et, pouce et index reliés en cercle comme une bouche ouverte, pratiquez une masturbation digitale toute simple sans cesser de saliver, de façon à ce que la sensation soit identique à celle qu'il éprouverait dans votre bouche. Faites bouger votre tête en rythme avec les mouvements de votre main. Pensez à arrêter vos mouvements de va-et-vient à mi-verge puisque la cavité buccale ne permet pas l'introduction complète. Enfin, quand l'orgasme menace, refermez bien votre main en cou-

En amour, rien n'est « sale » si les deux partenaires choisissent ensemble leurs caresses.

pelle autour de son gland pour y récupérer le sperme que, ensuite, vous essuyez dans la literie. Pour peu que, en relevant la tête, il vous reste un peu de salive sur les lèvres, il ne se doutera pas de la supercherie et, qui sait, la fréquentation régulière de cette verge près de votre visage vous donnera peut-être envie de le faire vraiment.

Le dégoût que cette caresse bucco-génitale inspire aux femmes inexpérimentées est essentiellement dû aux remarques entendues dans l'enfance : « C'est dégoûtant! », ainsi qu'à la double fonction de l'urètre, puisqu'il est le canal à la fois du sperme[1] et de l'urine. Vous avez appris que l'urine est stérile, que les deux liquides ne se mêlent jamais, que si l'hygiène intime de votre homme est irréprochable, sa verge est plus propre que vos doigts, et vous avez compris qu'en

---

1. Dans le sperme humain, on trouve des protéines, du cholestérol, du sodium, du zinc, du potassium, du phosphore, des sucres (de 15 à 30 calories par émission), du calcium, du magnésium, des vitamines C et B12 et des traces d'hormones (testostérone entre autres).

amour rien n'est sale si les deux partenaires choisissent ensemble leurs caresses. Quant à la substance spermatique elle-même, son aspect fait penser à une huître grasse passée au mixeur, et son goût est variable d'un individu à l'autre (salé, sucré, fade, fort, etc.). Avaler ou pas, à vous de choisir. Lorsque vous aurez appris à apprécier cette caresse, vous pourrez alors vous l'offrir réciproquement en choisissant la position dite du 69 évoquée plus haut. Ainsi apprendrez-vous ce qu'est le cunnilingus…

Faire minette. Le cunnilingus est une caresse buccale effectuée sur la vulve. La langue de l'homme lèche, suce et mordille le clitoris et l'entrée du vagin jusqu'à ce que vous éprouviez une sensation si intense qu'elle peut vous conduire à un plaisir immense, voire à l'orgasme. Cependant, la perspective d'un cunnilingus peut vous gêner autant que celle d'une fellation, à cause de la proximité de l'anus et de l'orifice urétral de part d'autre de l'entrée de votre vagin. Le dégoût que vous craignez d'inspirer n'a pas lieu d'être si votre hygiène est sûre et si votre partenaire est un homme digne de ce nom. En effet, le parfum exhalé par votre sexe est, depuis des millénaires, le plus enivrant pour l'homme. Au contraire, les parfums artificiels avec lesquels vous tentez – vainement – de cacher le vôtre sont pour lui de véritables répulsifs! Si vous êtes affligée d'odeurs vraiment fortes et désagréables, relisez le chapitre consacré à l'hygiène, car la première cause peut en être un nettoyage excessif du vagin. Les détergents intimes détruisent les bactéries protectrices de la muqueuse, ce qui provoque la prolifération de champignons – et ces mycoses exhalent une odeur franchement répugnante. Après deux ou trois semaines sans injection ni déodorant intime, votre intimité retrouve naturellement son odeur originelle. De toute façon, seule une consultation gynécologique permettra de vous assurer que l'odeur gênante n'est pas le symptôme d'un problème plus sérieux.

L **a sodomie.** Les raisons qu'a un homme d'emprunter ce passage sont diverses. Par exemple quand l'entrée du vagin est momentanément trop large (après une grossesse) ou définitivement relâchée (ménopause, grossesses répétées ou chirurgie pelvienne), ou encore pendant la période de menstruation. Mais ce peut être aussi le fantasme de la transgression qui pousse l'homme à solliciter votre bienveillance anale. Le vagin demeure un lieu de plaisir incontournable, voire obligatoire; l'anus, au contraire, fleure bon l'interdit, qui tient la meilleure place parmi les sources d'excitations. Enfin, la sodomie est synonyme de domination par une pénétration encore plus intime. S'il envisage volontiers de vous sodomiser, il appréhende la réciprocité : « Me faire enc…, moi ? Jamais! » Pour

> *Le vagin demeure un lieu de plaisir incontournable, voire obligatoire; l'anus, au contraire, fleure bon l'interdit, qui tient la meilleure place parmi les sources d'excitations.*

vous, c'est d'abord la crainte d'avoir mal et de vous sentir violée qui vous fait envisager avec effroi cette position. Toutefois, dites-vous que l'étroitesse de votre anus procurera à votre homme une jouissance inédite. Vous-même, en présentant bien la partie antérieure du canal anal, vous pourrez ressentir un plaisir aussi intense que par-devant. Vous pouvez pimenter la séance en stimulant son point B, en introduisant un doigt dans son anus, et lui demander de caresser lui-même son pénis au travers de la fine cloison qui sépare votre vagin du rectum en mettant deux doigts dedans. Cela déclenchera votre jouissance mutuelle.

Cependant, afin d'éviter une réaction de rejet, il vaut mieux prendre quelques précautions. Prenez soin de lubrifier parfaitement l'orifice anal et soyez le plus détendue et désireuse possible ; surtout, ne vous contractez pas. Quant à l'homme, il faut lui apprendre que ce n'est pas parce qu'il a réussi à franchir ce seuil que le reste de votre intimité lui est librement ouverte comme le vagin. Chaque centimètre de pénétration supplémentaire peut entraîner une contracture réflexe de votre part si elle est faite trop brutalement, car elle étire la muqueuse rectale. C'est pourquoi il vaut mieux vous livrer à la sodomie avec un partenaire que vous connaissez bien. Pour la première séance, accroupissez-vous sur votre partenaire allongé sur le dos, à la façon de la brouette chinoise évoquée plu haut, afin de contrôler le rythme et la profondeur de la pénétration anale, plutôt que d'adoper la position en levrette, où vous dépendez uniquement de sa délicatesse.

Une alimentation appropriée. Il existe plusieurs façons de rendre cette partie de votre anatomie aussi accueillante qu'un vagin : question d'alimentation d'abord, de soins esthétiques ensuite (voir « Des fesses irréprochables », p. 48).

Pour livrer aux explorations digitales et linguales de l'autre un anus impeccable, il est préférable de réduire les féculents, les graisses animales et les sucres. Pas question de suivre à la lettre le fameux régime sans résidu imposé aux candidats à la coloscopie (car il est carencé en fibres et en vitamine C), mais vous pouvez vous en inspirer pour faire le vide du colon.

○ **Les aliments interdits** : légumes, fruits, céréales complètes.

◯ **Les aliments autorisés** : fromages à pâte cuite, jambon, veau, bœuf, poulet, poisson, pâtes, riz, semoule, biscottes et biscuits secs, compotes (coing, pomme), gelée de fruits, beurre et huile crus, eau non gazeuse, café, thé, tisane, bouillon de légumes.

Dotés d'un bon système digestif ou adeptes du régime précité par courtoisie mutuelle, vous acceptez réciproquement – et, si j'ose dire, sans arrière-pensée – de livrer le côté pile de votre anatomie Pour lui, le principe est le même que lorsqu'il s'introduit dans votre vagin, à condition qu'il lubrifie sa verge avant. Pour vous qui êtes informée de la présence d'un point B et qui souhaitez l'inaugurer, c'est le moment. Pour sentir et stimuler le point, il n'y a qu'un moyen, c'est d'y glisser un doigt, voire deux.

L̲e **« parcours de golf ».** Quelle que soit la position dans laquelle vous êtes parvenus à l'orgasme, il y a mieux à faire que se tourner dans le sommeil après l'affligeant : « Alors, heureuse ? » Tentez plutôt la multiplication des orgasmes. Pas facile car, juste après l'extase, sa verge se recroqueville dans les coulisses de ses cuisses. Pour le faire remonter en scène, gardez une main sur la base de sa verge afin d'éviter la détumescence complète et stimulez-la par des petits mouvements d'aspiration tandis que vous relancez le désir par des caresses de tout le corps. Dès que la verge se redresse, le mieux est alors de la reprendre en bouche. Vous pourrez ainsi, progressivement, l'amener à reprendre le « parcours de golf », puisqu'il reste d'autres orifices à contenter.

Dans un premier temps, amenez votre partenaire à une excitation proche de l'orgasme dans votre bouche, lui étant au-dessus de vous, puis repoussez-le doucement pour introduire son pénis dans votre vagin. Lorsque vous le sentirez de nouveau au bord de l'éjaculation, retirez-vous pour l'introduire dans votre anus et laisser libre cours à son orgasme. La fois suivante, laissez-le jouir une première fois dans votre vagin, puis excitez-le une nouvelle fois par une fellation avant de le laisser terminer dans votre anus. Et ainsi de suite, jusqu'à lui faire atteindre trois orgasmes successifs. Il aura sans doute les jambes un peu molles au bureau le lendemain, mais il ne vous échangera pas contre un harem garni.

L**'amour immobile.** Choisissez une posture susceptible d'être maintenue longtemps sans risque de crampe ni d'ankylose. Faites en sorte qu'il s'introduise juste un peu et arrêtez-vous sur ce simple contact. Suspendez le temps qui vous est offert et devenez l'onde bienfaisante qui passe de l'un à l'autre. Cette suspension de séance peut durer longtemps. Puis cette onde enfle et, progressivement, vous donne à l'un et à l'autre la sensation de vous élever comme en lévitation. Vous êtes sur le point de partager le mythique orgasme simultané, qui est d'ailleurs plus un sacré coup de chance qu'une preuve de grand amour.

L**'amour tantrique.** L'acte sexuel passe au second plan, au bénéfice de tous les autres sens. Depuis le VIᵉ siècle, la philosophie tantrique tend à éveiller l'individu à sa vie dans l'harmonie complète des sens. La sexualité est un moyen parmi d'autres d'y parvenir. L'énergie sexuelle, appelée *kundalini*, est considérée avec le respect dû à toute forme d'énergie, à ceci près qu'elle favorise le sentiment d'unité avec l'autre. Pratiquer la sexualité tantrique suppose d'atteindre la conscience de soi dans l'instant présent vécu à deux. L'apprentissage passe toujours par la pratique ; entraînez-vous d'abord quotidiennement l'un et l'autre aux contractions du périnée. En favorisant l'irrigation de la zone génitale, l'exercice permet d'en amplifier les sensations et de mieux maîtriser l'instant de l'éjaculation. Plus que l'orgasme, le but de l'amour tantrique est la symbiose, l'osmose entre ses propres sensations et celles de l'autre. Cette démarche tranquille, libre de toute performance, éveille et développe tous les sens.

Sur une musique douce, pour enchanter l'ouïe, ce moment s'inaugure par une dînette de nourritures légères (fruits, coquillages, vin léger), véritable célébration du goût où chacun donne à manger à l'autre, bouchée après bouchée. Pour l'éveil de la vue, les deux se déshabillent mutuellement tout en s'embrassant. C'est l'échange du toucher et du souffle. Lorsque vous êtes nus, caressez-vous mutuellement sans autre pensée que la découverte de l'autre, les zones érogènes étant caressées en dernier lieu. Seules les mains, les langues et les lèvres participent à ce lent, très lent massage jusqu'à ce qu'une onde de plaisir envahisse les deux corps. Dès les premières contractions, les partenaires doivent les juguler en respirant profondément plusieurs fois ; cela apaise les tensions et évite d'y succomber trop vite. Alors, et alors seulement, vous parvenez sans peine à un formidable orgasme mutuel sans éjaculation ni contraction vaginale. N'importe quelle zone

Plus que l'orgasme, le but de l'amour tantrique est la symbiose, l'osmose entre ses propres sensations et celles de l'autre. Cette démarche tranquille, libre de toute performance, éveille et développe tous les sens.

érogène, même fort éloignée des organes sexuels, peut susciter un orgasme (voir « Jouer l'attente », p. 81, et « Handicap
et vie sexuelle », p. 185).

Prenez votre temps. Le petit coup vite fait avant de
partir au travail ne remplace pas le temps de la célébration mutuelle. Prévoyez une soirée sans risque d'être
dérangés, téléphone débranché, portables éteints, éclairage
tamisé, tenues sexy, musique en sourdine, souper aux chandelles et bon vin.

Après un savant effeuillage réciproque, prenez la direction des opérations : incitez-le à vous embrasser d'abord le
sexe pendant que vous échaufferez le sien avec les plantes
de vos pieds. Quand vous sentez sa verge durcir et s'ériger,
faites pivoter votre partenaire pour adopter la position du
69 : pendant que vous commencez à le sucer, il vous ouvre
doucement avec deux doigts et commence à stimuler la partie antérieure de votre vagin. Restez ainsi le plus longtemps
possible à sentir monter peu à peu les vagues du plaisir,
puis pivotez à votre tour pour vous offrir entièrement à
lui, qu'il vous pénètre complètement d'emblée et qu'ainsi
enlacés, immobiles, vous soyez submergés par l'implosion
orgasmique.

4

Boostez votre libido

Comment ça, trop vieille ? Le grimper aux rideaux, le cul sur la commode ou debout sur une jambe sont de vieux souvenirs mais, pour le reste, ça marche toujours. Il faut seulement plus de temps et de lubrifiant. Chaque jour un peu moins véloce, un peu moins tonique, un peu plus flétrie, vous êtes cependant toujours amoureuse de la vie et de l'homme qui vieillit en même temps, tous deux toujours fougueux.

LE CORPS A SES DÉRAISONS
QUE LE CŒUR IGNORE

À partir de la puberté, une fille devient de plus en plus appétissante pour les garçons que l'instinct pousse à féconder ce qui peut l'être. La première grossesse la fait devenir mère puis reine en son foyer. Tant qu'elle joue ces rôles physiologiques primitifs dans le groupe humain, elle y est célébrée. La ménopause, en revanche, marque la fin de son règne puisqu'elle n'est plus capable de donner de nouveaux héritiers. Parallèlement, le garçon pubère se virilise, distribue sa semence à tout-va, puis, en suivant un schéma classique, à la première grossesse avérée, il s'unit à celle qu'il a fécondée. Son instinct le pousse à construire alors le nid protecteur de la future mère et des petits à venir. Quand tout est prêt, que la maternité distrait sa compagne de son rôle de femme, l'homme s'en va séduire ailleurs.

Il n'est jamais trop tard... Si la ménopause n'est pas la seule responsable de la désaffection sexuelle dans le couple, il faut quand même souligner que les conséquences physiologiques de l'abaissement progressif du taux d'hormones féminines n'incitent pas à la gaudriole. En effet, moins hydratés et moins lubrifiés puisque la sécrétion sébacée diminue, le derme et l'épiderme deviennent plus minces et plus lâches puisque les fibres élastiques diminuent. Par conséquent, toutes les lèvres s'atrophient, rendant la vulve moins affriolante, la muqueuse vaginale s'assèche, rendant les rapports sexuels moins faciles, voire douloureux. Vous dont les sens sont encore joyeusement disposés et les muqueuses généreusement lubrifiées, seriez-vous aussi impatiente de retrouver votre homme si une immense fatigue vous tombait sur le dos et si votre vagin était tapissé de papier abrasif ?

Plus rarement évoquée, l'andropause se manifeste moins cruellement pour l'homme. Sa souffrance commence à réception de son premier dossier de retraite, surtout que, dans le même temps, il sent qu'il bande moins vite et moins dur. L'urgence d'être rassuré sur son âge et sa puissance, de même que son besoin de stimuli plus forts, justifient sa quête frénétique de chair fraîche ; c'est le démon de midi. Il peut au contraire se recroqueviller pour dissimuler son impuissance ; c'est la dépression. Injuste, révoltant, ce processus n'en est pas moins naturel. La routine s'insinue entre la femme et l'homme. Plus tard, c'est la vieillesse et le confort de cette routine qui réuniront cette femme et cet homme dans l'étroite marge d'une page de temps écrite pour et par de plus jeunes qu'eux.

Entre autres solutions, la médecine propose un traitement hormonal substitutif d'origine végétale et très finement dosé, proposé sous forme de patchs à coller sur la peau, d'ovules ou de crème à introduire dans le vagin. Pourtant, plus encore que les traitements substitutifs administrés aux seniors, le sentiment amoureux savamment entretenu stimule et entretient la libido jusqu'à la fin de la vie. Promenade main dans la main, éclats de rire partagés, projet associatif ou créatif commun, jardin à cultiver ensemble, peu importe du moment qu'il y a de la joie au présent et des envies à projeter. Cela suffit à stimuler les deux capsules surrénales capables de maintenir les machines corporelles en bon état de marche, notamment en secrétant la testostérone antidote de la résignation. Et la libido se remet en route!

Mais mieux vaut y penser tôt! Toutefois, cette vieillesse amoureusement libertine doit se préparer dès le début de l'histoire. Vigilance permanente et surprises abondantes sont les sésames d'une sexualité heureuse entre un homme et une femme. Les petites altérations physiologiques que les années infligent ne doivent pas faire oublier la séduction. Les dialogues et les préliminaires sont de plus en plus longs ? Et alors ? C'est justement au moment de la retraite que les performances sexuelles diminuent, c'est-à-dire quand on a le temps de prendre son temps.

Instruite de ce que les corps caverneux de la verge sont moins réactifs, l'érection instable, l'éjaculation moindre et la période de résolution plus longue, la femme peut enfin asseoir sa puissance d'amante en caressant lentement et entièrement celui dont la jeunesse était fougueuse. Dans les jeunes années, l'homme est généralement celui qui suscite les actes sexuels tandis que la femme accepte ou refuse. Plus tard, les rôles s'inversent progressivement et donnent à chacun une place différente, surprenante et tout autant épanouissante. De son côté, instruit du féminin besoin d'être rassurée et lubrifiée, l'homme va enfin murmurer à la femme les mille flatteries qui la font se sentir désirable, l'embrasser, la lécher partout consciencieusement, ce qu'elle n'appréciait pas toujours avant.

Plus encore que les traitements substitutifs administrés aux seniors, le sentiment amoureux savamment entretenu stimule et entretient la libido jusqu'à la fin de la vie.

Certains seniors profitent de leurs « pauses » respectives (ménopause, andropause) pour se soustraire définitivement à une sexualité depuis longtemps décevante. C'est le bon moment pour se l'avouer et refaire connaissance. Bien sûr, il y a aussi parfois des maladies invalidantes mais les moyens ne manquant pas de poursuivre autrement les jeux du plaisir (voir « Handicap et vie sexuelle », p. 185). Enfin, pour les solitaires dont la libido est un vieux souvenir, une rencontre amoureuse inattendue peut générer des questionnements angoissants ; associée ou non à un traitement médical, une psychothérapie les aide à retrouver une sexualité sereine.

Jeunes, c'est le désir qui entraîne le sexe et l'amour ; nous vivons la sexualité que nous voulons parce que notre corps nous en donne tous les moyens. Plus tard, c'est l'amour qui entraîne le désir puis le sexe ; nous vivons alors la sexualité que nous méritons. Les deux chemins valent la peine d'être suivis. La vie sexuelle des seniors étant la continuité de celle qu'ils ont eue dans le passé, assurez-vous déjà une vieillesse radieuse par une sexualité épanouissante tout de suite !

LE SPORT EN CHAMBRE SUR ORDONNANCE

Plusieurs enquêtes mettent en évidence l'importance d'une vie sexuelle dynamisante, sur le plan individuel autant que dans la relation au sein du couple, et ce quel que soit l'âge des partenaires. D'ailleurs, l'Organisation mondiale de la santé (OMS) reconnaît, depuis peu mais officiellement, que la santé sexuelle s'inscrit dans la notion du bien-être auquel chaque individu a droit. Preuve que la sexualité est désormais considérée comme un paramètre de la santé, depuis cinq ans l'assurance maladie considère et rembourse, au même titre que d'autres médicaments d'exception, l'un des médicaments qui permettent aux hommes défaillants sexuellement d'obtenir une érection.

Le sexe, fontaine de jouvence.** En 1998, le Dr David Weeks, psychologue au Royal Edimburgh Hospital, en Écosse, a tenté de comprendre pourquoi, au même âge, certains individus semblaient nettement plus jeunes que d'autres. D'après son étude, il apparaît que le sexe serait un facteur essentiel de préservation et d'optimisation de la santé. D'autres recherches s'accordent à déclarer que la pratique régulière d'une sexualité satisfaisante semble être un facteur de longévité, en particulier chez l'homme. En 1981, une étude suédoise a notamment observé que le taux de mortalité des hommes de 70 ans est sensiblement plus important chez ceux qui ont abandonné toute sexualité depuis plusieurs années.

D'après une étude britannique de 1997, le taux de mortalité des hommes qui font l'amour deux fois par semaine est deux fois inférieur à celui des hommes qui font l'amour à peine une fois par mois. La même étude met en évidence que les risques cardiaques sont moindres pour ceux qui ont des relations sexuelles fréquentes. Cela s'explique d'abord par le fait que, si l'amour physique est un plaisir, il est d'abord une activité sportive qui, pratiquée régulièrement, aide à éliminer les toxines par la transpiration abondante qu'elle suscite, active la circulation veineuse, donc améliore l'irrigation et la musculation du cœur et de tous les autres organes, l'excitation sexuelle entraînant une accélération cardiaque pouvant aller jusqu'à 170 pulsations (parfois plus) par minute.

S exe contre stress. Le psychologue américain Stuart Brody a tenté d'évaluer l'incidence de la sexualité sur la gestion physiologique du stress. Ses études montrent que, soumis à un stress identique, ceux qui pratiquent une sexualité régulière et complète (c'est-à-dire conclue par un orgasme) ont une tension artérielle correcte, tandis que celle des abstinents est sensiblement plus élevée.

Évidemment, certains ne manqueront pas d'évoquer les risques d'épectase (décès durant l'orgasme) en citant le sempiternel exemple du président français Félix Faure, mort en 1899 à l'Élysée, dans les bras de sa maîtresse… Mais c'est précisément sa rareté qui inscrit ce genre d'événement dans les mémoires. Aussi, à part des cas spéciaux de maladie vasculaire grave (athérosclérose ou hypertension sévère), il n'y a aucune raison de laisser les ans vous priver de sexe. Au contraire, puisque les effets relaxants et euphorisants de l'ocytocine (hormone libérée par l'excitation puis par la jouissance) et des endorphines libérées au moment de la jouissance sont observables plusieurs jours après le coït : meilleure qualité du sommeil, plus grande décontraction, faculté de concentration accrue, bonne humeur, meilleure gestion du stress quotidien, optimisme… En outre, la stimulation réciproque de la verge et du vagin au moment de la pénétration, en agissant notamment sur le nerf vagal, pourrait entraîner, par voie nerveuse, certains processus psychologiques apaisants.

L'angoisse de la solitude et de l'abandon, ainsi que la mauvaise image de soi, qui à elles seules assurent plus de la moitié des ventes d'antidépresseurs, sont infiniment mieux surmontées dans le cadre d'une relation affective et sexuelle épanouie. Les concavités anatomiques et psychologiques trouvent, au cours d'une relation sexuelle, les convexités qui, en les complétant, calment les angoisses et apaisent les doutes des deux partenaires. Même d'anciennes carences affectives peuvent être effacées par une sexualité joyeuse. Autant dire que c'est presque un devoir de s'y adonner.

QUAND RIEN NE VA PLUS…

Aimer l'autre, c'est bien sûr apprendre à le connaître mais c'est aussi le désapprendre. Se sentir connu, décodé, prévisible aux yeux de l'autre, c'est infantilisant et démobilisant. Le sexe n'a que faire de la simple tendre reconnaissance. Là où il y a trop d'attachement, il n'y a pas de désir, seulement du confort.

Car le danger vient aussi de la vie sexuelle quand elle est trop réussie ! Ce qui ressemble à un paradoxe traduit un mal sournois, celui qui guette les partenaires trop habitués l'un à l'autre. De jour en jour, le couple fusionnel fait ses choix sans s'en rendre compte. Les deux éliminent les recettes de l'amour pour n'en garder qu'une ou deux puisqu'elles fonctionnent si bien. Hélas, il en va de l'orgasme comme du homard : tous les jours, ça devient indigeste. On commence à rêver de sardines et tant pis s'il y a des arêtes.

Votre homme tombe en panne. Inutile de hausser les épaules sur un « Bah! Ça passera… » D'abord ça le vexe, et puis ça ne passera pas forcément. D'autant que chaque panne se rajoute de plus en plus dramatiquement aux précédentes, jusqu'à le convaincre qu'il n'est plus bon à rien, ce qui le conditionne plus encore à l'impuissance. Il faut vraiment traiter le problème sans perdre de temps. Comment ? En le laissant parler sans jamais l'interrompre. S'il ne parle pas spontanément, gardez le silence obstinément ; il finira par prendre la parole que vous lui laissez.

Vous connaissez par votre cœur et sur le bout de vos doigts la topographie de ses chers organes, ses terminaisons nerveuses, ses zones érogènes, ses préférences, ses faiblesses ; vêtue de trente grammes de dentelle, vous ondulez savamment à l'entrée de la chambre ; cependant, il reste de glace. Quand la bonne volonté, la tendresse, les jeux sexuels et l'amour ne suffisent plus, pannes et migraines se succèdent : organiques ou diplomatiques ? Quant aux réunions de bureau de plus en plus tardives, aux séminaires de plus en plus longs, est-ce le fatal coup de canif dans la relation ?

C'est la faute à « pas le temps », à « j'ai pas la tête à ça » et à la vie qui a passé trop vite sur vos résolutions. Que vous ayez trois ans ou trente ans d'amour, votre homme et vous n'émettez plus sur les mêmes ondes. Faites le point, ensemble, sur ce qui ne fonctionne plus, précisément. Par exemple, au début, étiez-vous miraculeusement d'accord sur tout ou, plus vraisemblablement, aviez-vous, l'un et l'autre, fait de nombreuses petites concessions ? Chacune était sans importance, mais, rassemblées dans le présent, elles prennent des airs d'abdication de soi. C'est le bon moment pour expliquer qu'érection et pénétration ont beau être les deux mamelles de la virilité, elles ne sont pas obligatoirement les seules garantes de la volupté. Allongée nue contre son corps nu, invitez-le à des caresses qu'il n'a peut-être jamais osé vous faire ou qu'il a oubliées : guidez progressivement sa bouche de votre nuque à vos seins, puis amenez-le à descendre jusqu'à votre sexe et, là, laissez-le vous embrasser tout en vous ouvrant le plus possible. Même si cela ne provoque pas d'orgasme en vous, simulez-le ; cela lui rendra confiance en lui et le mettra peut-être en érection. S'il se dérobe, c'est que son andropause cache autre chose qu'il ne dira pas mais qu'il vous appartiendra de deviner. De votre côté, êtes-vous sûre de ne pas avoir négligé certaines caresses de mise en route ? Réapprenez à l'embrasser et à le caresser partout afin de réveiller son désir.

Érection et pénétration ont beau être les deux mamelles de la virilité, elles ne sont pas les seules garantes de la volupté.

Vous êtes du soir, il est du matin. Pas facile, dans ce cas, de vous croiser dans l'intimité. Au début, cela fonctionnait plutôt bien ? À l'aube, vous étiez chatte ; le soir, après le dîner, il devenait câlin… Prenez le temps de vous remémorer ce temps béni. Peu importe ce qui s'est ou ne s'est plus passé ensuite ; chacun s'est réfugié dans les replis du temps, triste et réconforté de retrouver ses chers biorythmes.

À tous les décalés du biorythme, voici une proposition de réaccordage : en général les hommes activent leur libido en été. Les femmes commencent dès le printemps. La lumière solaire convient donc aux deux, la chaleur aussi. Dans l'urgence, faites un petit tour à l'agence de voyage et réservez deux chambres. Tant pis si c'est plus cher. Direction un pays qui s'appelle « fin de printemps », où vous vous retrouvez comme au début, dépaysés, un peu intimidés par ce contexte inhabituel. Profitez-en pour feindre, d'un commun accord, de ne pas vous connaître. Employez à nouveau le vous au lieu du tu et, chaque soir, raccompagnez-vous à l'hôtel en vous saluant courtoisement. Huit jours, quinze jours de ces vacances passées à vous considérer différemment vont remettre à zéro le compteur du temps. Simpliste, la méthode ? Essayez-la avant de juger et donnez-m'en des nouvelles.

Quelques lignes qui changent tout. Il est fréquent de n'avoir pas « faim de l'autre en même temps ». Rien de grave quand les décalages sont rares mais quand, chaque fois qu'il a envie de vous, vous avez envie de lire ou de dormir ? La recette : exprimer votre désarroi. Comment ? Si vous lui parlez d'emblée, vous vous trouverez devant un mur, non d'incompréhension mais de réflexion. De par votre féminine constitution, vous êtes dotée de la parole pensée – ou de la pensée verbale, si vous préférez. Lui, de par sa masculinité cérébrale, est doté du pouvoir de mémorisation précise de vos paroles, puis du pouvoir d'analyse de ces paroles, puis encore du pouvoir de réfléchir à ce qu'il doit répondre. Enfin, seulement, il peut vous transmettre sa réponse. Mais il peut se passer beaucoup de temps entre le début et la fin de ce processus… Alors, que faire pour vous faire entendre et l'amener à dialoguer ?

Lui écrire, pardi! Une lettre, on la lit, on la relit, on y pense et puis on s'attable pour y répondre avec l'assurance de n'être pas interrompu. Et cette réponse, vous l'aurez. Ensuite seulement vous pourrez vous asseoir l'un en face de l'autre pour parler ensemble et vous rendre compte l'un comme l'autre que, finalement, c'est plus la routine que le désamour qui vous a, petit à petit, éloignés. Comprendre, c'est pouvoir agir. La solution, vous la trouverez ensemble. Toutefois, il y aura des ajustements à faire pour que vos deux caractères se rejoignent malgré vos évolutions respectives. Qu'est-ce que tout cela a à voir avec le sexe ? Tout, justement.

> *Se connaître de plus en plus l'un et l'autre, c'est fantastique mais c'est aussi dangereux, puisque c'est perdre chacun de plus en plus de mystère pour l'autre.*

S'éloigner pour se rapprocher. Dans le temps partagé, vous avez appris à connaître les forces et les failles de l'autre. Se connaître de plus en plus l'un et l'autre, c'est fantastique mais c'est aussi dangereux, puisque c'est perdre chacun de plus en plus de mystère pour l'autre. Or, le mystère est un des premiers facteurs d'érotisation de l'individu ; c'est pour sonder son mystère qu'on s'en approche, les narines au ras de ses cheveux, les mains au ras de sa peau et la bouche au ras de son sourire. Ne pas tout savoir équivaut à ne pas tout avoir et, ce qu'on n'a pas, on le veut avec force. De là au désir sexuel, il n'y a qu'un minuscule pas que l'on franchit allégrement. Alors, si vous êtes chacun un peu las de l'autre qui se donne finalement trop et tout le temps, un seul remède : l'éloignement géographique (quelques jours passés chez des amis) ou domestique en faisant, pour un temps, chambre à part.

L e relooking du couple. Naturellement, même si on ne le désire plus, on l'aime tellement comme il est qu'on ne le voit plus. Mais qu'il change de coiffure, de style vestimentaire, de parfum, d'heure de retour et voici que les sonnettes d'alarme retentissent en soi : « Serait-il en train de m'échapper ? » Cela ne vous rappelle rien ? Bien sûr que si. Enfant, lassée de votre poupée à cheveux blonds, vous rêviez tout haut d'une autre, à cheveux noirs, jusqu'au jour où votre cousine a voulu jouer avec la blonde… D'un coup, votre instinct de propriété, joint à la tendresse que vous aviez eue pour cette vieille poupée, a ranimé en vous les sensations du passé. Dix ans, vingt ans ont passé depuis cette expérience ? Vous avez évolué, mais vous n'avez pas changé. Alors, au lieu de le harceler par une vaine rhétorique, filez chez le coiffeur, coupez, teignez, transformez, reprenez-vous en main. Fini les petits déjeuners hirsutes sur pantoufles avachies ! Jupe neuve un peu fendue, bas et talons hauts, vampez-le l'air de rien, inquiétez-le un peu. Succès assuré, surtout si vous changez aussi votre parfum. Quant au sexe, vous en retrouverez vite le chemin en vous comportant de façon nonchalamment suggestive. Jambe croisée un peu plus haut, buste redressé, il suffit de peu de chose pour qu'il relève les yeux sur vous.

PETITES MAGIES GASTRONOMIQUES

Les plats aphrodisiaques sont les amuse-gueules du sexe. On qualifie d'aphrodisiaque « tout moyen, matériel ou imaginaire, capable de stimuler, et, plus encore, de doper les capacités, à la fois physiques et intellectuelles, de candidats aux records érotiques ». La recherche de l'excellence en matière de performances sexuelles s'exerçant en de nombreux domaines, vous tirerez de grands bénéfices à lui mitonner des menus légers mais stimulants.

Il serait fastidieux et hasardeux de dresser la liste de tous les aliments supposés aphrodisiaques car, au cours des siècles, chaque région a découvert, perdu, retrouvé et inventé ses propres recettes.

Pour stimuler ses fonctions viriles par un menu festif, évitez les graisses animales, les féculents (leur phonétique est explicite) et les sucres, donc les vins cuits ou capiteux. Dans la cuisine aphrodisiaque, la part belle est donnée aux fruits et aux légumes, les protéines animales sont servies sans excès, les féculents sont discrets, le sucre et les graisses animales brillent par leur absence. Quant aux aliments supposés être particulièrement aphrodisiaques, tous sont connus pour leurs propriétés stimulantes ; la plupart sont réputés soigner l'asthénie, le surmenage intellectuel et la

---

DONNEZ-MOI PLUTÔT DES SOPORIFIQUES...

Haricots secs, laitue cuite dans une décoction de verveine, charcuterie bien grasse arrosée d'un vin rouge capiteux, dessert à base de crème au beurre, et votre tranquillité est assurée pour vingt-quatre heures. Mais n'abusez pas de la recette, car il pourrait bien s'endormir définitivement...

dépression nerveuse, et certains sont vasodilatateurs, ce qui favorise une érection plus vigoureuse chez l'homme et un gonflement sensible des parties génitales chez la femme. Leurs effets sur la libido sont-ils réels ou sont-ils le résultat d'un effet placebo ? À vous d'en faire l'expérience...

❍ **L'ail**, au Moyen Âge, était censé rendre fougueux le plus amorphe des jouvenceaux. En réalité, s'il favorise la sexualité, c'est parce qu'il est antispasmodique, rééquilibrant glandulaire, cardiotonique et hypotenseur. Aphrodisiaque, pourquoi pas, à condition d'en retirer le germe et d'être deux à le manger !

❍ **L'alcool**, par son action désinhibante, favorise les débordements sexuels ou, au contraire, recroqueville lamentablement selon la quantité absorbée.

❍ **Les algues** sont connues, entre autres, pour stimuler les glandes endocrines et, parmi elles, les glandes sexuelles, pour renforcer les défenses naturelles, stimuler la circulation sanguine, retarder la sénescence ainsi que pour leurs vertus aphrodisiaques. C'est le cas notamment de *Laminaria saccharina* et de la spiruline, réputée depuis longtemps pour sa capacité à gonfler le clitoris en optimisant son irrigation.

❍ **Le café** est un excitant nerveux et psychique à petite dose. À forte dose, il devient vite vasoconstricteur, ce qui est dommageable aux organes génitaux.

❍ **La cannelle** est peut-être excitante, mais sa notoriété est plus sûrement due au fait qu'elle entrait dans la composition du filtre d'amour de Tristan et Yseult.

❍ **Le caviar**, comme tous les œufs de poisson, est un aliment hautement énergétique mais... l'enjeu en vaut-il le prix ? Préférez les œufs de truite à ceux de l'esturgeon...

❍ **Le céleri**, lui, est vraiment efficace contre l'impuissance masculine puisque, en plus d'améliorer l'irrigation sanguine, il stimule les capsules surrénales.

❍ **Le champagne**, en symbolisant un moment particulièrement festif, participe à la mise en condition des partenaires.

❍ **Le chocolat** (noir de préférence) est connu pour avoir bien des vertus. La théobromine et la phényléthylamine, par leur action antidépressive et euphorisante, stimulent le désir sexuel.

❍ **Les coquillages**, par les protéines et l'iode qu'ils contiennent, apportent de la vigueur et de l'entrain.

❍ **Les échalotes** contribuent au bon déroulement d'un moment de sensualité puisqu'elles sont apéritives et légèrement hypnotiques.

❍ **Le ginseng** était déjà utilisé par les premiers empereurs de Chine, sans doute parce que ce rhizome ressemble au corps humain... Si effets il y a, ils ne sont pas immédiats ; il faut, paraît-il, en consommer longtemps et très régulièrement.

❍ **L'huître** favorise l'hyperactivité en raison de l'iode qui stimule la glande thyroïde, et favorise la sécrétion de testostérone en raison du zinc qu'elle contient.

❍ **La menthe** est connue pour stimuler le système nerveux et pour avoir des vertus aphrodisiaques. En outre, par ses vertus antispasmodiques, stomachiques, emménagogues et antiseptiques, elle évite les soirées d'abstinence pour cause de ballonnements, maux d'estomac, règles douloureuses et troubles intestinaux…

❍ **La moutarde**, dont le nom vient de l'expression « moût ardent », a longtemps servi d'onguent dont les hommes enduisaient leur pénis avant de passer à l'action. Son efficacité est aussi immédiate qu'une brûlure. Forcément, c'en est une ; il est donc normal que le pénis rougisse, se tuméfie et devienne turgescent. Et qu'en pensent les vagins ?

❍ **Le piment et le poivre** sont excitants et vasodilatateurs, ce qui favorise une bonne irrigation sanguine.

❍ **Le thé,** dont la théine possède les mêmes vertus que la caféine, est un tonique général et cérébral.

❍ **La truffe**, dont Brillat-Savarin, au début du xixᵉ siècle, affirmait qu'« elle rend les femmes plus tendres et les hommes plus entreprenants », contient, entre autres, des substances assez proches de la testostérone.

❍ **Le vin** stimule et désinhibe, comme les alcools forts, mais, à dose excessive, il entraîne une diminution sensible des performances sexuelles.

Enfin, pour le plaisir d'en rire, impossible d'ignorer la cantharide, insecte vert et brillant, encore appelé « mouche d'Espagne ». Séché, réduit en poudre puis ingéré, le toxique appelé « cantharidine » provoque une telle congestion de la zone génitale que la verge se dresse d'indignation, son gland rouge de colère, tétanisée souvent par une crise de priapisme pouvant aller jusqu'à l'hémorragie rénale. Au rayon de ces folies exotiques, si je cite aussi la poudre de défense d'éléphant, la poudre de corne de rhinocéros ou la poudre de bois de cerf, c'est uniquement pour rappeler que les premiers effets réels et parfaitement évalués de ces invraisemblables médications sont les effrayantes soustractions que ces érections espérées ont provoquées parmi ces animaux.

Faim de vous. Plus sérieusement, l'objectif est de stimuler l'imaginaire de l'homme que vous voulez envoûter, même – et surtout – s'il est votre homme depuis trente ans. Donc, abolissez la télévision du soir, variez les menus, le décor de la table, la musique, l'éclairage, et servez-lui des aliments suggestifs. Par exemple des huîtres, dont l'aspect, le parfum et le goût ressemblent d'assez près à votre liqueur secrète, des abricots ou des oursins puisque leurs formes évoquent une vulve, etc. Faites en sorte que, dès qu'il ouvre la porte, les parfums culinaires lui donnent faim. Pour peu que vous revêtiez, de temps en temps, une robe qu'il vous a offerte ou qu'il apprécie particulièrement, il aura aussi faim de vous.

LES MASSAGES

Chacun pratique l'automassage et masse l'autre à la façon dont M. Jourdain faisait de la prose, c'est-à-dire sans le savoir. Masser, finalement, c'est d'abord toucher l'autre avec bienveillance. Celle-ci étant le sésame des rapports humains en général, et des relations amoureuses en particulier, l'art du toucher, donc du massage, devrait être enseigné dès l'école primaire. Sans plus tarder, apprenez-en les rudiments à votre homme et à vos enfants. C'est souverain pour presque tout.

Ayez toujours un flacon d'huile de massage (de préférence sésame ou argan, qui tachent moins et sentent meilleur que d'autres), que vous pouvez aromatiser de quelques gouttes d'huile essentielle choisie en fonction de l'état général de votre partenaire (une ou deux gouttes ajoutées à une tasse à café d'huile suffisent à masser tout le corps). Vous trouverez des huiles aromatisées dans les pharmacies et les magasins de produits naturels mais vous pouvez aussi moduler votre huile de massage en fonction du résultat recherché (voir ci-dessous). Il importe que le parfum choisi convienne à celui que vous allez masser, car l'olfaction joue un grand rôle dans ce corps à corps. Et si l'idée d'un massage vous vient un soir où il ne vous reste pas d'huile, utilisez du talc.

À **propos des huiles essentielles.** Elles sont connues depuis la plus haute Antiquité pour constituer le principe actif des condiments indispensables à une nourriture saine. Dans son traité *De materia medica*, qui fut une référence pendant plus de mille ans, Dioscoride[1] évoquait déjà la préparation de la térébenthine et du camphre.

❍ Pour apaiser, choisissez le jasmin, la rose musquée, le néroli ou la bergamote, par exemple.

---

1. Pedaniês Dioskoridos (40-90 apr. J.-C.) était un médecin grec originaire d'Anazarbus, en Cilicie (actuel sud de la Turquie). Chirurgien, c'est en suivant l'armée de Néron autour de la Méditerranée qu'il a acquis sa culture botanique.

❍ Pour dynamiser, optez pour les huiles essentielles de cyprès, de lavande, de menthe, de romarin, de camphre, de gingembre ou d'argousier, par exemple.

❍ Évitez de mélanger les huiles essentielles. Non seulement vous n'obtiendrez pas toujours l'effet souhaité, mais vous risquez d'obtenir l'effet inverse. Confiez aux laboratoires le soin de vous proposer des mélanges parfaitement dosés.

❍ Si vous envisagez une suite très chaude à un massage, évitez l'huile essentielle car elle altère la matière du préservatif et irrite les muqueuses.

D**es conditions favorables.** Créez une atmosphère favorable à la détente. Dans une pièce suffisamment chauffée, déposez deux gouttes d'essence d'eucalyptus (favorise la respiration) dans une coupelle posée sur un radiateur, au soleil derrière une fenêtre ou sur l'ampoule d'une veilleuse. La lumière doit être faible et indirecte. La musique, facultative, sera très douce et sans paroles intelligibles pour éviter toute activité cérébrale inutile. Établie dès le début, la complicité tactile entre la masseuse et le massé rend superflu tout bavardage.

À défaut de table de massage professionnelle, disposez une épaisse couverture sur le sol. Cette couchette spartiate est toujours préférable à un canapé ou à un lit dont les ressorts et la souplesse nuisent aux pressions que vous devez exercer lors de la séance. De plus, sur un lit, que vous soyez agenouillée ou accroupie de part et d'autre de votre homme, vos déplacements impriment au matelas des soubresauts intempestifs. Une fois l'homme étendu, recouvrez-le d'une grande sortie-de-bain douce et chaude, pour favoriser l'état d'abandon musculaire nécessaire. Aussi néophyte que vous soyez, votre prestation va lui faire éliminer une quantité non négligeable de toxines sous forme de sueur et de sébum, assurer sa régulation thermique interne en stimulant l'alternance de vasoconstriction et de vasodilatation des vaisseaux sanguins et, surtout, apprivoiser et stimuler les corpuscules sensibles qui ne demandent que ça pour participer, ensuite, au processus désir-plaisir-bien jouir.

L es bons gestes. Ce livre n'a pas la prétention de faire de vous la grande prêtresse du massage ; toutefois, sachez que tout humain est capable d'en masser un autre efficacement s'il respecte quelques règles de base, entre autres sentir ce dont l'autre a besoin. Il n'est pas nécessaire d'être grande magicienne pour cela ; vous connaissez cet homme ; vous devinez d'emblée s'il a besoin d'être rassuré, encouragé, distrait, fêté ou consolé. Imaginez-vous à sa place de façon à exécuter sur lui les manœuvres qu'il attend. D'ailleurs, après avoir mémorisé visuellement la topographie de son corps par vos effleurages préliminaires, entraînez-vous à le masser en fermant les yeux de façon à mieux sentir en vous ses douleurs, ses tensions et ses appréhensions.

Voici quelques manœuvres que vous pouvez effectuer en toute innocuité, sans être une professionnelle aguerrie.

L'effleurage. L'effleurage est ce par quoi vous devez inaugurer tout massage, en premier lieu pour recouvrir d'huile la totalité du corps de votre homme, en second lieu pour « apprivoiser » l'autre *via* son enveloppe corporelle. Commencez par une zone éloignée du cœur : cuir chevelu, mains ou pieds. Pour entrer en contact, posez vos paumes largement ouvertes sur cette zone choisie et gardez-les immobiles le temps nécessaire pour vous « brancher » en quelque sorte l'un à l'autre. Puis glissez sans appuyer, avec un mouvement ample et généreux, le long du cou et des épaules si vous commencez par le cuir chevelu, le long des bras si vous commencez par les mains ou le long des jambes si vous commencez par les pieds. Au bout de ce premier mouvement, c'est-à-dire sur la zone où vos bras peuvent s'étirer, séparez vos mains et ramenez-les au point de départ en remontant l'effleurage superficiellement par l'extérieur du corps. Par son action lénifiante et anesthésiante, l'effleurage apaise les tensions nerveuses et musculaires accumulées dans la journée.

L'étirement. L'étirement sert à mobiliser la peau sur les muscles, notamment sur les surfaces larges comme le dos et les fesses. Par exemple, agenouillée sur le côté droit de votre homme, penchez-vous au-dessus de lui et plaquez votre main gauche sur son flanc gauche tandis que votre main droite, posée sur le flanc droit, « repousse » la peau vers l'autre main et ainsi de suite. Ce décollage gomme les tensions et améliore l'élasticité des tissus.

La pression. La pression consiste à continuer l'effleurage en appuyant progressivement de plus en plus les manœuvres sur la zone massée. Sur une zone particulièrement réactive, elle peut s'exercer sans glisser les mains, seulement en appuyant et en relâchant alternativement. Une pression peut s'exercer avec la pulpe des doigts, la paume ou le talon de la main.

Le roulement alternatif des pouces. Il est utilisé pour détendre des zones du corps plus ciblées. Si votre homme a les avant-bras douloureux d'avoir joué au tennis ou rangé le tas de bois, saisissez l'un de ses poignets entre vos mains de façon à ce que vos pouces se chevauchent sur la face interne du poignet. Avec la pulpe des pouces, faites le mouvement, précisément, de « vous tourner les pouces » en les appuyant fermement sur sa peau et en remontant ce roulement jusqu'à la saignée du coude. Une variante consiste à imprimer des petits mouvements rotatifs, profonds mais pas forts, pour « éparpiller » les tensions.

Le pianotage. Comme son nom l'indique, le pianotage consiste à parcourir le corps rapidement et joyeusement du bout des doigts, comme le ferait un pianiste. Le doigté doit être assez ferme pour ne pas susciter de sensations de chatouilles. Cette manœuvre réveille et stimule les zones atones.

Le meulage. Le meulage se fait avec le talon de la main ou la pulpe des doigts, selon l'étendue de la zone à décontracter. Vous imprimez sur la zone massée des mouvements circulaires bien appuyés, pour chasser la tension accumulée dans tel muscle que vous sentez durci.

Le malaxage. Le malaxage s'effectue en triturant à pleines mains les tissus que vous cherchez à dynamiser (les hanches, les fesses, l'intérieur des cuisses). Triturer ne veut pas dire abîmer! Même si le partenaire massé adore cela, ne perdez jamais de vue que les muscles et la graisse sont irrigués par de nombreux vaisseaux sanguins (vaisseaux capillaires, artérioles, veinules) aux parois fragiles. Les torsions trop fortes se soldent par des hématomes douloureux et inesthétiques.

Le foulage. Le foulage s'effectue avec les paumes et les doigts bien refermés sur la zone massée, comme pour l'enlacer fermement. Apaisant ou tonifiant pour l'ensemble du corps, selon le rythme de vos mouvements, le foulage est aussi la manœuvre finale recommandée pour quitter en douceur le contact avec le corps massé après en avoir chassé les toxines et fatigues de l'extérieur vers le centre (plus précisément, de l'extrémité des vaisseaux lymphatiques vers les centres ganglionnaires chargés de détoxiner la lymphe).

Il existe bien sûr d'autres manœuvres et, parmi elles, les percussions cubitales, qui s'effectuent sur certaines zones avec le tranchant des deux mains sur un rythme rapide. Spectaculaires, elles sont aussi dangereuses lorsqu'elles sont effectuées sans une solide formation préalable.

Les massages recommandés dans le cadre d'une vie amoureuse et sexuelle harmonieuse visent avant tout à entretenir le contact physique avec le partenaire, à lui faire du bien et à donner envie aux deux de continuer le massage par des manœuvres plus intimes. Donc, retroussez vos manches, limez vos ongles assez courts pour ne pas griffer et offrez un bon massage à votre homme…

Un massage 100 % sexe. Lui s'allonge à plat ventre tandis que vous vous agenouillez de part et d'autre de ses cuisses. Commencez par un effleurage léger sur ses fesses, son dos et l'arrière de ses bras pour bien répartir l'huile. Puis, les deux mains bien à plat et fermement appuyées sur le haut de ses fesses, les pouces posés de part et d'autre de la colonne vertébrale (sur laquelle vous ne devez jamais appuyer directement ni exercer la moindre pression), inspirez profondément par le nez en gonflant le ventre et, en expirant lentement, lissez tout le dos jusqu'à la base du crâne, lentement et profondément, les pouces toujours le long de la colonne vertébrale. Là, maintenez la pose une dizaine de secondes puis redescendez tranquillement en écartant les mains vers l'extérieur, talons des mains de chaque côté de la colonne vertébrale. Reprenez une profonde inspiration ventrale par le nez ; puis recommencez trois ou quatre fois. La cinquième manœuvre va suivre le même trajet mais, cette fois, en suivant le rythme respiratoire de votre homme. Les pouces de nouveau posés sur le haut des fesses au ras du sacrum, vous reprenez votre inspiration ventrale et, attentive à son rythme respiratoire, vous remontez le long de la colonne pendant qu'il expire et vous stoppez le mouvement quand il inspire. Chaque arrêt dure deux ou trois respirations complètes puis, de nouveau sur une expiration, continuez à remonter. Lorsque vous arrêtez le mouvement, appuyez très profondément vos paumes et imprimez-leur une vibration lente ; en dénouant ses éventuelles tensions profondes, vous aidez votre homme à récupérer ses forces viriles. Cinq minutes de ce massage dorsal suffisent ; au-delà, il finirait par s'endormir. Ensuite, reculez à genoux jusqu'au niveau de ses pieds, où vous procédez à un lissage lent et appuyé avec les paumes sur les voûtes plantaires que, ensuite, vous « creusez » par des mouvements rotatifs effectués avec vos poings

Recommandés dans le cadre d'une vie amoureuse et sexuelle harmonieuse, les massages visent avant tout à entretenir le contact physique avec le partenaire, à lui faire du bien et à donner envie aux deux de continuer par des manœuvres plus intimes.

fermés. Enserrez ses chevilles fermement et remontez, en ouvrant largement les mains, le long de ses mollets jusqu'à l'arrière des genoux puis redescendez jusqu'aux chevilles en effleurage très léger. Recommencez plusieurs fois, puis continuez sur l'arrière des cuisses par des effleurages de plus en plus appuyés, jusqu'au lissage profond, que vous prolongez jusque sur les fesses. Là, caressez, malaxez et pétrissez-les généreusement, juste assez pour lui faire du bien, en glissant progressivement un peu plus loin dans le sillon fessier, sur le périnée, et enfin les testicules, que vous pouvez manipuler doucement. Revenez sur les fesses et procédez à de petits pincements rapides, torsions superficielles, petites claques jusqu'à ce que l'homme se retourne en exhibant la preuve turgescente de votre efficacité. Parcourez-le encore du bout des doigts et des ongles jusqu'à ce qu'un long frisson lui hérisse la peau. Émerveillée d'être ainsi l'objet de vos bons soins et très impatiente de connaître la suite, la verge de votre homme commence à s'agiter. C'est le moment de vous laisser aller, à moins que vous préfériez le faire un peu souffrir…

Auquel cas, calmez cette ardeur prématurée en l'enfermant dans vos mains jointes jusqu'à ce qu'elle mollisse. Relâchez alors doucement la pression et laissez-la. Relevez-vous nonchalamment pour boire un verre et regardez-le tranquillement. Il doit sentir que rien ne presse, que vous régnez sur lui sans autre objectif que celui de savourer un long moment d'intimité. Quand il est presque résigné, que sa verge commence à se rétracter, il est temps de la réveiller en pianotant avec légèreté sous ses testicules et en étirant très doucement son scrotum, jusqu'à ce que sa verge se regonfle un peu. Retirez progressivement vos paumes et, du bout des doigts, grattouillez et chatouillez ses testicules comme vous le feriez sous la gorge d'un chat… D'ailleurs il ronronne. Et sa verge est de nouveau en érection. C'est le moment de passer à une vitesse supérieure : de la main gauche ouverte, soutenez les testicules de façon à ce qu'il n'en sente plus ni le poids ni le volume. Avec la main droite retournée, paume vers le bas, ouverte en V entre l'index et le majeur, glissez la base de sa verge dans le V ouvert et glissez jusqu'au gland en caressant toute la longueur avec votre pouce, puis redescendez jusqu'à la base, et ainsi de suite autant de fois que nécessaire pour que ses testicules et son pénis tremblent d'impatience. Reposez doucement ses testicules et, les deux paumes face à face, enserrez le pénis et roulez-le de droite à gauche et de gauche à droite comme vous le feriez d'un bâton pour allumer un feu, tout en continuant le mouvement de haut en bas, de plus en plus vite, sans casser le rythme ni lui faire mal, jusqu'à ce que sa jouissance jaillisse. Une variante de cette caresse ultime est la manœuvre en tire-bouchon : d'une main, vous maintenez la base du pénis tandis que, de l'autre, entre votre index et votre majeur repliés (comme sur un tire-bouchon), vous lui imprimez un mouvement de torsion de bas en haut où votre paume recouvre amoureusement le gland avant de redescendre jusqu'à la base pour recommencer.

M**assage et masturbation.** L'art du massage étant peu pratiqué en Occident, la meilleure façon de dorloter l'autre consiste à le regarder se masser lui-même jusqu'à l'ultime étape de la masturbation. Cette grande preuve de confiance peut gêner l'autre au début. En ce cas, au lieu de se masser soi-même, l'un enseigne à l'autre le moyen de le toucher au mieux. La masturbation permet d'atteindre à une bonne connaissance de soi-même… pourquoi pas de l'autre ? La leçon est toujours profitable car, en plus de l'exhibition spectacle (très excitante!), le corps de chacun raconte ce qu'il espère et ce qu'il peut donner.

DES SCÉNARIOS
POUR RENOUER LE LIEN ÉROTIQUES

Il s'agit simplement de pimenter, colorer et parfumer la relation amoureuse. « J'ai une surprise pour toi. » Surprise aux couleurs de l'érotisme, évidemment. Prenez des notes lorsque, dans un livre ou dans un film, une idée vous séduit, puis récrivez-en une version très simplifiée où vous vous attribuez un rôle précis à chacun. En cas d'urgence, voici quelques scénarios très simples et qui ont fait leurs preuves.

Jeux de hasard. Ils amusent tout le monde. Fabriquez-vous ensemble un jeu dont chaque carte représente une posture sexuelle, un déguisement particulier ou un lieu pittoresque. Chacun illustre la moitié du jeu puisque le jeu consiste à satisfaire les vœux de chacun. Mélangez le jeu une seule fois en début de mois et, à chaque tirage, mettez la carte du jour de côté. Lorsque toutes les cartes ont été tirées, vous pouvez les mélanger de nouveau, et ainsi de suite.

Parcours mystère. Il se présente au choix sous la forme d'un rébus ou d'une succession de photos. Ce jeu peut remplacer de façon rigolote le principe du gage en cas de négligence, de retard ou de désaccord orageux. L'intérêt consiste à effacer l'ardoise de celui ou celle qui s'est un peu mal comporté(e) dans la semaine, et à lui faire en plus profiter d'un bon moment très érotique. Ce rébus est offert sous enveloppe le matin. Sur l'enveloppe est inscrit le motif de la (délicieuse) punition, ainsi que l'heure du rendez-vous pour la soirée. Celle ou celui qui reçoit l'enveloppe doit impérativement découvrir le lieu mystérieux puisque l'autre l'y attendra à l'heure dite. Ce lieu peut être un petit hôtel, une plage, une voiture (à l'arrêt!), une salle de cinéma ou autre. Celui qui donne l'enveloppe peut pimenter le jeu d'indices visuels (petits cailloux ou ballons d'une certaine couleur, affichettes, petites flèches) ou d'indices olfactifs (parfum personnel si le rendez-vous se situe dans le fond du jardin, odeurs de fleurs si le lieu est proche d'un restaurant ou d'un fleuriste). Lorsque, enfin, vous vous êtes trouvés, celui ou celle qui a décodé le rébus doit, comme punition, satisfaire le fantasme de l'autre. Ce jeu est une merveilleuse façon de purger quotidiennement les litiges mineurs, de maintenir le suspense dans le sentiment, donc d'entretenir la flamme érotique.

Un rendez-vous anonyme. Le message et l'adresse doivent être libellés par une autre main, puisque l'autre doit en ignorer l'origine, et envoyé par la poste. Le contenu doit être simple et intrigant. Par exemple : « Ce soir, au bar de l'hôtel des Bains, une ancienne amie vous attendra à 18 heures. Le temps a passé, vous pourriez ne pas la reconnaître, le signe de reconnaissance sera un foulard rouge. » Qui résisterait à l'envie de savoir ? C'est une jolie façon de prendre un verre ensemble.

Jeu de piste érotique. Avant son retour, déposez de petits messages le long du trajet qu'il doit parcourir avant d'arriver jusqu'à vous. Dans l'entrée : « Bonsoir m'amour, une surprise t'attend là-haut »; posé en haut de l'escalier : « Le bain moussant est prêt »; sur la porte de la salle de bains : « Dans le bain, couvre-toi les yeux avec le masque posé sur la tablette et ne le retire sous aucun prétexte ! » Programmez une musique en boucle, puis entrez dans la salle de bains. Caressez ses cheveux avec les vôtres, une plume ou un petit morceau de fourrure. Massez-lui les épaules, la nuque et shampooinez-le doucement. Utilisez la mousse pour caresser son torse, ses bras, ses jambes, ses pieds. Massez-le timidement d'abord, puis plus érotiquement, de plus en plus près de sa verge qui doit déjà pointer son gland au-dessus de la mousse. Enfin, entrez à votre tour dans la baignoire et laissez-vous aller à toutes les fantaisies qui vous plairont. Après la jouissance partagée, sortez du bain et chuchotez-lui dans l'oreille qu'il ne doit pas bouger. Habillez-vous sexy puis filez chercher la bouteille de bon vin et le saucisson que vous avez achetés le matin. Ôtez-lui son masque en lui tendant un verre… Amusé par toute cette mise en scène, enchanté par ce jeu sexuel, il rentrera beaucoup moins tard à la maison, c'est sûr !

Fessée « **punitive** ». Aussi amusante à donner qu'à recevoir. Établissez ensemble une liste des motifs de punition dont la rédemption se fera toujours par une fessée, très utile lorsque les partenaires glissent dans la négligence de l'autre. Quels que soient les soucis quotidiens, l'indifférence doit faire l'objet d'un dialogue ou, à défaut, d'une revanche ludique. À condition que le donneur soit sans aigreur, ce rendez-vous avec la punition fait parfois des miracles là où un long discours demeure sans effet. Main, foulard

> *Quels que soient les soucis quotidiens, il est bon qu'indifférence ou négligence fassent l'objet d'un dialogue ou, à défaut, d'une revanche ludique.*

ou fouet d'opérette, douce ou ferme, lente ou rapide, la fessée tour à tour stimule ou apaise. Celui qui est victime peut se dénuder et s'allonger à plat ventre sur un lit. L'autre peut le menotter d'un lien facile à rompre (un feu peut se déclencher dans l'immeuble). Les menottes sont vécues comme rigolotes, excitantes ou terrifiantes selon qu'elles sont en papier crépon, en soie ou en métal. Simuler la soumission à l'autre est amusant, se laisser ligoter vraiment avec des menottes est dangereux. En plus de contenter celui qui la donne, la fessée punit d'abord puis enchante la victime, surtout si les mains prennent le relais pour de petites tapes douces et rapides, puis de petits coups de langue, voire de petits mordillements. Soirée inoubliable en perspective !

Destination inconnue. Depuis deux semaines, vos emplois du temps se chevauchent et grignotent votre temps d'intimité. Vous savez le danger qu'il y a à se tasser dans un fauteuil sous le poids de la fatigue accumulée et, même si deux longues nuits de sommeil sont prévues pour le prochain week-end, elles ne suffiront pas à ranimer vos flammes si, au réveil, tout engourdis de sommeil, vous vous affaissez en peignoir et chaussettes devant la table du petit déjeuner. Secouez-vous et secouez-le ! Réservez secrètement deux chambres (la séparation de corps est une excellente recette puisqu'elle remet en marche le moteur du « Puisque c'est interdit, j'en ai envie ») dans une auberge de charme à moins d'une heure de chez vous. Assurez-vous qu'il rentrera vendredi en lui demandant de bien vouloir aller chercher l'ensemble coquin que vous avez commandé à la boutique de lingerie. Un peu avant, vous aurez préparé son sac de voyage et le vôtre avec des tenues adaptées au lieu que vous avez choisi (bottes de marin en caoutchouc et caban s'il s'agit de la côte normande, bottes de chasse et parka si vous avez opté pour la campagne). En rentrant, il s'étonnera de vous voir vêtue de façon inhabituelle et, même s'il rechigne un peu à la perspective de devoir se changer pour un week-end à l'extérieur, votre mine réjouie l'en convaincra. Sacs de voyage dans le coffre, vous voilà partis sans qu'il sache vers quelle destination. Soyez sûre que cette petite énigme le laissera éveillé pendant la route et que l'auberge va l'enchanter! Quant aux chambres séparées (mais voisines), vous devinez qu'elles ne serviront qu'à épicer le début de la première nuit.

LECTURES ÉROTIQUES

Le mot « érotisme » a été emprunté à Éros, le dieu grec de l'Amour. De l'amour, donc de la vie, en opposition à Thanatos, dieu de la Mort. L'érotisme englobe tout ce que l'humain, depuis qu'il se tient debout, a inventé pour stimuler son instinct de vie, donc de reproduction. Son objectif est de proposer au cerveau des scènes, des images, des récits, des atmosphères suffisamment suggestifs pour stimuler le désir de vivre pleinement, notamment sa sexualité, avec le maximum de plaisir. Sans l'érotisme, nous n'agirions que par instinct, c'est-à-dire sous l'impulsion dictée par la pure nécessité : copuler pour assurer la pérennité du groupe proportionnellement aux ressources naturelles exploitables.

Il convient aussi de distinguer érotisme et pornographie. La pornographie consiste à exhiber tout ce qui est relatif au sexe pour réaliser des performances et jouir sexuellement immédiatement. Le plaisir n'y tient que peu de place. Si la pornographie a mauvaise presse, c'est qu'elle encourage l'esprit décadent. Or, la décadence consistant à satisfaire un manque avant même que n'en soit survenu le désir, la pornographie tue le désir. Ne reste que la furieuse démangeaison.

D'un côté, donc, la mise en scène de symboles interprétables librement par chacun ; de l'autre, le spectacle cru du sexe pour le sexe.

Les récits érotiques entretiennent et suscitent le besoin d'évasion hors d'une vie quotidienne oppressante et surchargée d'informations monotones, même au sein de la vie affective. Nourrie de ce que le monde offre de récits érotiques, à commencer par votre magazine féminin, vous devenez, devant votre homme, celle qu'il désire plus que tout. Dès l'enfance, vous vous êtes identifiée à de nombreuses héroïnes : selon votre âge, vous fûtes Blanche Neige réveillée de la mort par le prince charmant, Isabelle séduite par Thierry la Fronde, Hélène amoureuse de Cricridamour. Aujourd'hui, dans ce joli tailleur, vous êtes la mystérieuse, la fatale à laquelle il ne peut résister. Voilà pourquoi, en cas de panne dans votre histoire amoureuse, vous pouvez avec bonheur vous inspirer de l'héroïne des *Mille et Une Nuits* et, patiemment, régulièrement, lire à votre homme un petit poème érotique avant de dormir. Nul doute qu'après quelques lectures il redeviendra le magnifique qui vous enlace, vous enlève dans ses bras musclés et vous porte jusqu'à la chambre. Et à vous les nuits de folie.

> *Les récits érotiques entretiennent ou suscitent le besoin de s'évader d'une vie quotidienne oppressante et surchargée d'informations monotones, même au sein de la vie affective.*

Vous doutez encore ? Si l'on vous dit Apollinaire, votre mémoire exhumera une petite récitation déclamée sur l'estrade devant la classe. Pourtant, si vous lisez ce qui suit à votre homme, il refermera son livre, posera ses lunettes sur la table de nuit et… se redressera :

« [...] Je l'embrassai sans parler. Je sentais les jolies formes de son beau corps. Elle tremblait. Je saisis son con sous sa chemise. Elle se débattait. Je la consolai.
– Soyons mari et femme, chérie, jolie Marguerite !
Mon doigt jouait sur le clitoris. Elle s'abandonna. Je découvris ses beaux tétons pareils à des boules de neige. Je la poussai vers le lit. Elle se mit à sangloter. Je lui proposai de partir pour nous marier. Ça la fit rire. Je mis mon vit à nu. Elle était aussi excitée par le champagne qu'elle avait bu. Elle éteignit la bougie. Je mis mon vit dans sa belle main, puis je fis minette ; le plaisir était trop grand, elle s'agitait, son clitoris se gonfla. Je mis un doigt dans son con et suçai ses tétons. Puis je lui enlevai la chemise, je la pressai contre moi et, bouche à bouche, je poussai à coups redoublés ma pine dure dans sa fente virginale. Un seul cri léger précéda la jouissance qui l'accabla aussitôt. C'était maintenant une femme enflammée et elle s'abandonna à la volupté. [...][1] »

Et pensez également aux bandes dessinées érotiques, dont vous trouverez quelques références en note[2].

---

1. Guillaume Apollinaire, *Les Exploits d'un jeune Don Juan,* 1911. Repris in Jean-Jacques Pauvert, *Anthologie historique des lectures érotiques. De Guillaume Apollinaire à Philippe Pétain, 1905-1944*, Stock, édition revue et augmentée, 1995.
2. Quelques pistes de lectures : Henri Filippini, *Encyclopédie de la bande dessinée érotique*, La Musardine, 2006 ; Milo Manara et Jean-Pierre Enard, *L'Art de la fessée*, Vents d'Ouest, 2001 ; Guido Crepax, *Anita*, Albin Michel, 1988 ; Alex Varenne, *Le Goût des femmes*, Albin Michel, 2002.

Les films. En cas de rechute dans l'inertie et la désaffection, ayez recours à une bonne vidéo libertine! Si la lecture vous ennuie, les scènes érotiques auront au contraire un fort impact sur votre libido, d'autant plus si vous êtes collés l'un à l'autre sur le canapé.

Billets doux et nouvelles. Du Post-it collé sur le miroir de la salle de bains jusqu'à la nouvelle érotique écrite à son intention, en passant par des extraits de livres, les messages libertins sont de formidables antidépresseurs.

LES FANTASMES

Longtemps, le fantasme n'a pas eu de nom; le *phantasme* évoquait l'hallucination et la *fantaisie* traduisait une grande capacité imaginative. Tant que ces deux mots n'étaient pas reliés, des millions de cerveaux de par le monde phantasmaient et fantasiaient sans en être incommodés, jusqu'à ce qu'un certain Sigmund Freud désigne, nomme et définisse le fantasme. Impossible de l'ignorer, toujours présent, inconfortable, le fantasme rappelle à chacun ses origines animales les plus archaïques, ses pulsions infantiles les plus basiques, bref, tout un tas de choses que l'on préférerait n'avoir jamais sues.

Un fantasme est une représentation consciente de l'imaginaire capable de déclencher une émotion plus satisfaisante que ce que déclenche la seule réalité. Son rappel stimule le désir en sublimant vos pulsions agressives et créatrices. Comme le rêve, il permet d'accéder à un désir ancien, refoulé, que le cerveau maquille pour nous le présenter sous un aspect plus anodin, en tout cas détaché de sa source. Par exemple, le fantasme qui consiste à vouloir être fouetté peut être très facilement satisfait avec un petit fouet inoffensif en rubans. L'autre accède volontiers à cette demande anodine, et la personne qui demande et reçoit cette fessée au cours d'une relation sexuelle en sera contente. Ce fantasme est peut-être né d'une séance de grande violence entre ses parents, à laquelle cette personne a assisté dans son enfance avec un douloureux sentiment d'impuissance. Tant que ce souvenir refoulé garde l'apparence d'une fantaisie sexuelle, la personne, à son insu, « maîtrise » et canalise ce chemin de mémoire ; ainsi, au lieu d'en souffrir comme de tout souvenir insupportable, elle en jouit et conjure un navrant épisode du passé.

Tant que le souvenir refoulé garde l'apparence d'une fantaisie sexuelle, la personne, à son insu, « maîtrise » et canalise ce chemin de mémoire ; au lieu d'en souffrir comme de tout souvenir insupportable, elle en jouit et conjure un navrant épisode du passé.

Chacun de vos fantasmes est lié à votre histoire personnelle ; il est la manifestation onirique de ce qui vous enchante, vous frustre, vous intimide, vous impressionne ou vous fait peur. Les fantasmes représentent des endroits où vous n'accepteriez jamais de vous rendre, des personnages en compagnie desquels vous refuseriez énergiquement de vous commettre et des circonstances qui vous inspireraient de la terreur. L'étonnement et la gêne viennent de ce que beaucoup de fantasmes sont en contradiction avec les désirs conscients, et qu'il n'y a pas moyen de s'en débarrasser. Pour être à ce point tenaces, ils doivent avoir de bonnes raisons de siéger en notre imaginaire. Quels qu'ils soient, quoi qu'ils traduisent, pourquoi les vivre dans la honte ou la culpabilité ? Est-ce parce que certaines religions condamnent la fantasmagorie lorsqu'elle symbolise une infidélité, même virtuelle ? Dans ce cas, tous les humains de plus de dix ans sont de fieffés pécheurs puisque chacun de nous fabrique ou recèle ces fantasmes sans lesquels le sexe ne pourrait pas être relié au cerveau.

N**aissance et petite mort d'un fantasme érotique.** La période pré-pubertaire marque la fin de l'onirisme infantile et le début de l'imaginaire adulte. Les premières émotions sexuelles surgissent involontairement, que ce soit pendant une lecture, devant un écran de cinéma ou au cours d'un événement impromptu. Ces émotions se manifestent d'abord de façon imprécise, puis elles se rassemblent en une ébauche de scénario qui va, avec le temps, s'estomper et disparaître ou, au contraire, se préciser, s'enrichir selon les besoins inconscients, selon les expériences sexuelles qui seront vécues et selon ce que l'environnement dicte à chacun à une période donnée. À l'âge adulte, le cerveau crée des fantasmes ponctuels, interchangeables, générés par une circonstance présente particulière.

Pour illustrer ce processus irruption/disparition d'un fantasme, voici un exemple ordinaire : allongée sur une plage caniculaire, loin de toute buvette, vous imaginez un grand verre d'eau. Quelques minutes après, le verre d'eau devient un soda ; un peu plus tard, votre mental y ajoute des glaçons, du jus d'abricot, une paille puis, de minute en minute, vous ajoutez une table basse sous le verre, un transat à côté de la table, une piscine devant le transat, etc. Vous êtes en plein fantasme ! Mais voilà que, sur cette plage où la canicule vous immobilise, une amie vous rejoint avec, dans son cabas, une bouteille d'eau, qu'elle ouvre à votre intention.

Une fois désaltérée par cette eau, la construction élaborée mentalement s'effondre et disparaît. Sans doute ressurgira-t-elle, avec quelques variantes, à un autre moment de soif.

Un fantasme érotique peut disparaître de la même façon quand un partenaire plutôt bien inspiré vous comble par une manœuvre moins sophistiquée que celle dont vous rêviez mais qui vous porte à l'acmé du plaisir. Ce fantasme peut revenir mais enrichi de cette expérience qui aura laissé une trace mnésique enthousiasmante. La grande supériorité du fantasme érotique sur les autres fantasmes, c'est qu'il peut, à lui seul, avec ou sans stimulation physique masturbatoire, vous faire parvenir à une jouissance sexuelle réelle (alors que le fantasme du verre d'eau ne vous réhydratera jamais…).

Du **bienfait du fantasme.** Tel fantasme accompagne l'individu aussi longtemps qu'il garde la même force dans l'imaginaire de cet individu. Propriété secrète et exclusive de son créateur, ce fantasme, dont l'origine remonte – le plus souvent – à l'enfance, représente un facteur stimulant, encourageant, rassurant au moment de passer à l'acte sexuel réel. Sa seule évocation permet de vivre simultanément du réel et du virtuel. Par exemple, le simple fait que son homme ait mal refermé la porte de la chambre avant de se coucher peut susciter le rappel ou la nouvelle création d'un fantasme de voyeurisme dans l'imaginaire de la femme qui, justement, craint par-dessus tout d'être vue par autrui en action amoureuse. Or, cette appréhension crée une tension intérieure qui ressemble d'assez près à la tension de la montée d'un désir sexuel. La circonstance et le besoin d'évacuer cette tension aidant, à partir de cette porte entre-bâillée, la femme qui, en allant se coucher, n'avait envie de rien, élabore mentalement un scénario très compliqué qui lui échauffe les sens et la pousse à se réfugier dans les bras de l'homme, qui devient son sauveur inconnu contre les voyeurs imaginaires, puis le héros à qui elle va se donner corps et âme. Voilà comment une simple distraction peut être à l'origine d'une nuit d'amour inoubliable.

De la nécessité du fantasme. Qu'il soit un jour réalisé ou non, il suffit qu'il apparaisse objectivement réalisable pour donner à l'individu une perspective précieuse. Sa mise en œuvre est longtemps – et souvent inconsciemment – repoussée, tant notre peur est grande que le prix à payer ne soit la déception. Le scénario idéal élaboré par l'imagination peut difficilement être égalé par la réalité. Par exemple, à la fin d'un spectacle éblouissant donné par les danseuses du *Crazy Horse*, marchant bras dessus, bras dessous avec sa compagne, l'homme enrichit silencieusement un fantasme déjà ancien, né dans un cabaret de quartier. À la guêpière et aux jarretières dont il a toujours souhaité parer sa compagne, il ajoute maintenant une coiffe de Horse Gard et des bottines noires. « Pourvu qu'elle puisse se faire des cils aussi longs... Bientôt, j'achèterai tout ce qu'il faut, ce sera fantastique! » Il n'achètera pas plus la haute toque noire ni les bottines qu'il n'avait, dans le passé, offert la guêpière ni les jarretières. Ce soir-là, comme tous les autres soirs, c'est en parant mentalement sa femme de tous les accessoires vus sur scène, en plus des plumes attachées aux hanches, qu'il relève timidement la sempiternelle chemise de nuit et qu'il s'offrira le petit orgasme qu'elle n'a jamais su lui donner. Sans cet extraordinaire recours à l'imaginaire, il serait vite un homme frustré, malheureux, dépressif ou infidèle.

Est-ce que fantasmer, c'est tromper ? Cela dépend. Beaucoup de femmes fantasment sur un rapport sexuel particulièrement tendre et romantique avec leur homme habituel et unique. Et, au risque de bouleverser une idée reçue, beaucoup d'hommes fantasment sur un rapport sexuel particulièrement audacieux avec leur femme légitime. Constat réconfortant en apparence mais, s'ils en rêvent, c'est qu'ils ne le vivent pas.

Les fantasmes étant toujours liés à une transgression, le plus ancien est l'infidélité virtuelle. Il serait sot de s'en offusquer car, si ce fantasme est mentalement accepté et accueilli par son auteur, il peut se substituer pendant plusieurs années à la réalisation d'une infidélité tout à fait réelle. Pour accepter que la régularité et la fidélité absolue (c'est-à-dire jusque dans les recoins de l'esprit) sont antinomiques, il suffit que chacun s'introspecte honnêtement. Qu'est-ce qui, en premier lieu, suscite l'envie de quelque chose ou de quelqu'un ? C'est l'absence de cette chose ou de ce quelqu'un! Pour qu'il y ait un désir, il faut qu'il y ait un

> *Ce qui, en premier lieu, suscite l'envie de quelque chose ou de quelqu'un est l'absence de cette chose ou de ce quelqu'un ! Pour qu'il y ait un désir, il faut qu'il y ait un manque ou, au moins, la peur de manquer.*

manque ou, au moins, la peur de manquer. Une femme ne se donne jamais autant à son homme que la veille de son départ : « Et s'il ne revenait pas ? » Or, au sein d'un couple cohabitant jour après jour sous le même toit, dans la même chambre et dans le même lit, il reste peu de place au manque. L'affectueuse reconnaissance que chacun ressent envers l'autre pour son seul mérite d'être là n'a jamais fait bander personne. Très nombreux sont ceux qui, plusieurs soirs par semaine, sont ainsi cocufiés par leur partenaire dans leur propre lit. Se tenir chaud en toute confiance prive les deux corps d'une nourriture essentielle dont le manque se fera sentir un jour ou l'autre : lui tombera foudroyé aux pieds d'une passante de hasard tandis qu'elle s'enflammera pour un inconnu sur le Net.

Si votre libido brille par sa modestie, ne cherchez pas à savoir à quelle autre femme pense votre homme lorsqu'il vous honore de ses ardeurs. Et, si la libido de votre homme est simpliste, évitez de chuchoter : « Viens maintenant, mon Rocco, fais-moi jouiiiiir ! » dans sa pauvre oreille innocente au moment de l'extase.

L es fantasmes masculins. Souvent plus simples que les nôtres, les fantasmes des hommes sont toujours un peu les mêmes : affirmation de la puissance virile, débauche avec des femmes vulgaires, surtout si vous êtes raffinée, soumission aux injonctions maternelles, etc. Une chance supplémentaire, pour vous, de devancer les fantasmes de votre homme est d'apprendre que son orientation sexuelle est respectée même dans son imaginaire. C'est d'ailleurs l'une des investigations menées par des psychothérapeutes face à un être né homme, mais qui se vit femme ; celui-ci a des fantasmes franchement féminins ou homosexuels. Acceptez une fois pour toutes que, si votre présence est quotidienne et que votre relation est harmonieuse, il fantasme presque toujours sur une autre que vous. Voire plusieurs...

Doit-on aider l'homme à les réaliser ? Il est toujours hasardeux de traduire en trois dimensions une chimère. Le passage dans le monde réel lui retire beaucoup de ses

LES FANTASMES MASCULINS LES PLUS COURANTS

Apprenez par cœur cette liste des principaux fantasmes masculins, qui sont toujours la conséquence logique d'un événement mal digéré par leur ego. Grâce à cela, vous saurez l'étonner et le combler en fonction de ce qu'il vous dira ou de ce que vous devinerez de sa journée.

◗ Conclure avec une ex qui l'a humilié, en l'obligeant à lui faire une fellation et à tout avaler.

◗ Se laisser débaucher par une ou plusieurs femmes particulièrement vicieuses.

◗ Posséder violemment sa collègue la plus rigide et éjaculer sur son tailleur.

◗ Menotter l'épouse de son supérieur hiérarchique.

◗ Déchirer la robe sexy d'une star et lui lécher la vulve jusqu'à ce qu'elle crie.

◗ Se déshabiller avec ostentation devant la directrice de banque qui lui a refusé un prêt.

◗ Être coincé dans un ascenseur avec une femme désirable.

◗ Avant tout autre fantasme, l'homme veut pouvoir croire qu'il est votre premier homme, votre premier amour, bref, qu'il a été le premier en vous. Ce fantasme de la virginité doit être le plus partagé entre les hommes.

attraits ; il n'est qu'à comparer un film avec le livre dont il est inspiré… La mise en œuvre d'un fantasme doit prendre en compte tout ce que les sens perçoivent hors de l'objet lui-même : papier peint fatigué, bruits de poubelle dans la rue, odeur d'assouplissant dans la literie maltraitent la rêverie. Et, en admettant que le réalisateur soit un artiste de génie, capable de reproduire fidèlement le décor, la lumière, l'environnement olfactif et tout le reste, sera-t-il capable, une fois campé dans son décor, la mémoire assurée de son texte et de son rôle, de faire abstraction des actions qui auront précédé le moment ? Cela peut être vécu comme un défi lancé à soi par soi, mais il est très rare que le résultat équivale le plaisir du processus mental. Mieux vaut s'entraîner à partir d'un fantasme ordinaire (tant pis s'il perd tout pouvoir une fois réalisé). Enfin, une fois libéré par le passage à l'acte, le fantasme peut s'avérer un acteur d'autant plus dangereux qu'il ne sera plus maîtrisable. Au mieux, il laissera un goût amer de déception ; au pire, il prendra le contrôle, d'une certaine façon, sur une partie du cerveau dont il est sorti. Un fantasme inoffensif et réjouissant peut devenir un poids, un malaise persistant. Il y a un gouffre entre « Je rêve qu'un jour… » et « Voilà, je l'ai fait… ». Les seuls fantasmes que l'on peut mettre en scène en toute innocuité sont ceux des autres, piochés dans les livres et les films.

Faut-il raconter ses fantasmes? Les fantaisies sexuelles que vous partagez naturellement avec votre partenaire correspondent sans doute à vos fantasmes respectifs ; cette adéquation vous assure de réussir votre vie sexuelle avec plus d'aisance. Mais cette communauté de fantasmes a ses limites puisque vous êtes, chacun, le résultat d'un trajet de vie différent. Au-delà de ces limites, c'est le nécessaire jardin secret, le mystère hors duquel il n'y a pas de désir. Dans le mythe d'Aristophane rapporté par Platon (*Le Banquet*), les dieux, après avoir créé un être parfait et l'avoir déposé sur la Terre, se sentirent tellement menacés par sa perfection qu'ils le divisèrent en un principe mâle et un principe femelle incomplets, donc condamnés à chercher l'autre pour vivre pleinement. Ce mythe perpétue le fantasme de tout partager avec cet autre qui serait votre jumeau parfait, qui saurait

Tout fantasme naît d'une contradiction profonde entre ce que l'esprit civilisé exige que l'on soit et ce que l'on est archaïquement.

implicitement tout de vous. Il est tentant de raconter ses propres fantasmes à cet autre, dans l'espoir insensé qu'il partage les mêmes. Et si cela était ? Qu'est-ce que ces aveux réciproques apporteraient à votre histoire ? Un quart d'heure fusionnel, c'est tout.

Mettre en mots ses fantasmes déstabilise forcément, puisqu'ils se nourrissent de ce que, précisément, l'on ne doit ni ne veut être. De même que la lumière suppose l'ombre, tout fantasme naît d'une contradiction profonde entre ce que l'esprit civilisé exige que l'on soit et ce que l'on est archaïquement. Le plus confiant des hommes n'est jamais prêt à entendre sa compagne lui confier : « Tu sais, j'adore faire l'amour avec toi mais ce qui me fait jouir, c'est de m'imaginer en train de violer une fille. » En découvrant chez elle cette facette insolite, comment vit-il le fait de ne pas la combler ? Comment vit-elle après la mise en mots ce fantasme ? Aimera-t-elle l'homme devenu témoin de sa part obscure ? L'aveu d'un fantasme, même anodin, n'enrichit pas la relation ; il l'altère insidieusement. Enfin, une fois prononcé, le fantasme change de localisation cérébrale et perd son pouvoir préalable d'évocateur stimulant. N'avouez jamais que vous rêvez !...

LE CYBER-SEXE

Si la première prise de contact entre un homme et une femme s'est faite par l'intermédiaire d'Internet ou du Minitel, il arrive que l'appréhension de décevoir multiplie les « lapins » et perpétue les rendez-vous seulement virtuels.

Le Minitel puis Internet ont permis à des milliers de personnes isolées de faire virtuellement des rencontres amicales, amoureuses ou érotiques. Le cyber-sexe autorise des contacts entre des individus qui ne se seraient probablement jamais rencontrés ou remarqués. Les souhaits les plus irréalistes deviennent soudain envisageables. Le besoin d'être assuré/rassuré par le principe du tri sélectif y contribue grandement. On choisit un pseudonyme lourd de sens et on remplit un questionnaire détaillé, avec l'espérance d'être « présenté » à d'autres qui sont censés correspondre en tout point à la demande. Curieusement, alors que chacun des utilisateurs s'imagine libre et au top de la modernité devant son écran d'ordinateur, le processus qui prélude à une rencontre est presque aussi compliqué que les démarches familiales d'autrefois : prendre des renseignements précis sur l'origine sociale, ethnique, hiérarchique afin de ne pas se commettre avec n'importe qui. Puis entamer un dialogue sans risque, sans engagement prématuré ; un peu plus tard, si aucun grain de sable n'a enrayé la mécanique d'approche, passer de l'écriture sur clavier à la conversation téléphonique. Quelle audace ! Avant de se lancer dans l'aventure du face-à-face réel, on propose timidement d'ouvrir chacun sa webcam. Et si ni les écrits, ni la voix, ni l'image ne développent d'anticorps en chacun, on convient d'un vrai rendez-vous, où les fantasmes seront brutalement confrontés à la réalité.

> *Les rencontres réelles ne sont pas forcément souhaitées, puisque l'un des attraits des cyber-rencontres est de pouvoir à loisir s'inventer un passé, une existence valorisante.*

Les rencontres réelles ne sont pas forcément souhaitées, puisque l'un des attraits des cyber-rencontres est de pouvoir à loisir s'inventer un passé, une existence valorisante. Le mensonge devient, au fil des jours, un scénario tellement élaboré que son auteur répugne à le quitter.

« Crevette Coquette 17 » veut poursuivre au long cours le dialogue amoureux et érotique avec « Corsaire indomptable 312 » ? C'est possible à condition de pallier l'immatérialité en substituant un discours habilement suggestif aux habituels stimuli visuels, olfactifs et tactiles. Si vous vivez quotidiennement près d'un compagnon bien réel, sans doute ce jardin secret vous aide-t-il à assouvir, d'une certaine manière, les fantasmes dont votre homme de chair ne saurait que faire. À moins que ces dialogues virtuels deviennent une sorte de thérapie réciproque ? Chacun de son côté, Corsaire Indomptable et Crevette Coquette se sentiront peut-être un jour aptes à transmettre en vrai ce qu'ils prêtaient en ligne.

LES SEX-TOYS

Célibataire, amante d'un bon père de famille, amoureuse d'un grand reporter, épouse de marin ou masturbatrice éreintée, vous en avez assez de passer vos nuits folles devant un plateau-repas partagé avec les présentateurs du petit écran ? Séchez vos larmes et fourbissez vos armes ; moyennant quelques emplettes, la solitude peut être festive.

Les accessoires des plaisirs solitaires sont comme les restes à accommoder en cuisine : en nous débrouillant avec ce dont la nature nous a pourvues, on obtient de très bons résultats. Toutefois, certaines femmes rechignent à la masturbation digitale ; elles se sentent plus à l'aise en utilisant des intermédiaires, des substituts aux mains et au pénis du partenaire absent. Quelle que soit la technique adoptée, l'incontournable reste l'imagination. Et il en faut pour ne pas renoncer lorsque, après avoir sorti l'objet de son emballage, puis lu attentivement la notice traduite du japonais par un Italien, vous vous demandez comment et par où commencer. Sans les fantasmes, le fou rire guette.

Enfin, rappelons que les jouets sexuels sont presque tous utilisables indifféremment par les hommes et par les femmes puisque, en matière de sexualité, l'imaginaire est roi.

Jouets de grands. La liste des jouets pour grandes personnes est sans fin et leur usage remonte à la nuit des temps. Depuis les os d'animaux et les branches sculptées en forme de phallus utilisés par nos lointains ancêtres, en passant par le coffret proposé dans les pages « hygiène » des catalogues de vente par correspondance, jusqu'aux plus sulfureux engins à trois branches exhibés dans les sex-shops modernes, tout, absolument tout peut servir au plaisir intime des femmes et des hommes.

Les préservatifs ludiques. Vivement colorés pour le côté fun, ils sont moulés en forme de grosse limace à corne ou de mille pattes, etc. pour stimuler la zone pénétrée. Il existe un anneau vibrant à enfiler par-dessus le préservatif jusqu'à la base du pénis. Ses vibrations stimulent à la fois l'excitation clitoridienne et l'érection de l'homme, mais son autonomie ne dépasse pas 20 minutes.

D'autres modèles visent, par leur épaisseur, à diminuer les sensations de l'homme, donc à retarder l'éjaculation. Certains sont même imprégnés d'un gel réfrigérant. Enfin, pour rendre attrayante une verge timide ou donner de l'appétit à une partenaire que la fellation rebute, il existe des préservatifs imprégnés de substances parfumées : vanille, chocolat, banane, etc. Comme autrefois le dentifrice au goût whisky, ils ont leurs adeptes.

Le plumeau qui caresse. Ordinaire ou à plumes roses monté sur manche ouvragé, ce classique plumeau de ménagère est exclusivement réservé à votre usage intime. Caressez-vous-en longuement tout le corps, lentement ou vivement jusqu'à ce que ces premières sensations en appellent d'autres plus appuyées. Utilisez-le pour caresser votre homme… il adorera.

Les godemichés. En métal, en caoutchouc ou en plastique, basique ou sophistiqué, mécanique, électrique ou électronique, le godemiché est le nom donné à toute représentation de verge que vos mains introduisent en vous et animent selon vos désirs. Pénis simple, pénis monté sur ceinture à l'usage des hommes défaillants ou des femmes qui se veulent pénétrantes, pénis double, voire triple, rendent de grands services, mais les classiques ont la préférence des utilisatrices. À défaut de sex-shop, l'épicerie du coin propose des formules naturelles : concombre, carotte, banane, courgette. S'ils présentent l'avantage de ne jamais tomber

Aimer les hommes n'empêche pas de désirer des femmes… Pour les hésitantes, les avérées prudentes, les bien-mariées frustrées, il existe des jouets de substitution façonnés à la perfection. Ces mont-de-vénus sont dotés de tous les accessoires : poils, vulve à grandes et petites lèvres, clitoris érigé, vagin souple, aspirant et chauffant; certains modèles sont munis d'un déclencheur de lubrifiant et d'émission spermatique. De quoi vous familiariser avec votre propre sexe avant de sauter le pas vers une de vos semblables. Dissimulez bien votre jouet car sa manufacture est si parfaite que votre homme risque, s'il le découvre, d'en devenir addict.

en panne, les végétaux sont porteurs de pesticides : bien les laver avant usage. L'épluchage est facultatif, question de goût.

Les vibromasseurs. Ils offrent un vaste choix de formes, couleurs, matières. La plupart se présentent comme des pénis ou des vulves, mais il en existe en forme de galet, de hérisson, etc. Ils sont programmés pour vibrer et masser à la façon d'un vrai pénis (souvent mieux qu'un vrai); une commande permet de choisir le rythme et l'intensité des vibrations. La satisfaction est si immédiate que de nombreuses femmes les préfèrent à leur partenaire. Pour une première utilisation, commencez par appliquer l'objet contre votre vulve, de façon à stimuler votre clitoris; vous y découvrirez un plaisir sans doute plus intense que lors de vos habituelles stimulations digitales, puisque les terminaisons nerveuses de vos doigts ne sont pas sollicitées (se caresser manuellement suppose de « partager », donc de diviser les sensations entre l'organe touché et le doigt qui touche). La pratique vous enseignera à bien choisir l'objet. Préférez les modèles dont la base est large et plane, comme le pelvis de l'homme. Ainsi, pendant le vibro-massage interne, le contact de cette surface lisse contre votre clitoris amplifiera vos sensations.

Les accessoires des plaisirs solitaires sont comme les restes à accommoder en cuisine : en nous débrouillant avec ce dont la nature nous a pourvues, on obtient de très bons résultats.

Des modèles plus élaborés proposent, jouxtant cette verge et sur le même support, une seconde verge, plus étroite, destinée à stimuler l'anus en même temps que le vagin et le clitoris. D'autres présentent, moulée près de la verge, la réplique d'un sexe de femme. Si vos rêveries érotiques vous portent aussi bien vers un homme que vers une femme, cet appareil satisfera vos deux fantasmes en même temps : votre clitoris se laisse doucement « embrasser » par cette vulve, tandis que votre vagin cède aux instances vibratoires du pénis animé.

❍ Le *rabbit* (lapin) est le plus tendance des vibromasseurs destinés aux femmes. Son gland est animé par des mouvements rotatifs et le corps de sa verge est parsemé de perles animées de mouvements ondulatoires. Quant à sa petite réplique fixée sur le même support, elle titille le clitoris.

❍ Le *bunny rabbit* en version waterproof, ou *bulle*, le poisson vibrant, se proposent de vous accompagner dans votre bain ou sous la douche.

❍ Le *mini-ducky* vibrant, en forme de canard, comme son nom l'indique, est la version de voyage du fameux *ducky* évoqué dans une série télévisée célèbre traitant de la vie de quatre trentenaires new-yorkaises[1].

❍ Le pingouin vibrant, à huit jeux différents, est apprécié tout particulièrement pour son bec rond, qui est un formidable stimulateur clitoridien.

❍ L'*ibuzz*, relié à un baladeur MP3, restitue les rythmes et les intensités de vos musiques préférées sous forme de vibrations.

---

1. *Sex and the City*, série créée en 1998 par Darren Star.

❍ Les *smartballs* sont deux boules de geisha rassemblées sur un lien dont l'anneau, une fois les boules introduites, dépasse suffisamment pour pouvoir les retirer. La nouveauté, c'est qu'en plus d'être vibrantes, elles sont de forme allongée, donc plus faciles à introduire. Le must : les *smartballs* sont silencieuses.

❍ La chenille masseuse, au contact très doux, ondule et s'insinue le long de la vulve.

❍ Le *fukuoku* est un minivibromasseur digital qui s'emboîte sur un doigt comme un dé à coudre. Les plus audacieuses en achètent jusqu'à dix…

Les boules de geisha. Ce collier de grosses perles est introduit, perle après perle, dans le vagin ou l'anus. Les boules augmentent les sensations offertes par vos propres contractions et/ou par l'introduction d'un vibromasseur. Lorsque vous tirez lentement sur le lien, le passage de chaque boule vers l'extérieur du vagin procure des sensations inédites. Certaines femmes apprécient ainsi de garder toute la journée dans leur vagin un collier sur lequel sont fixées deux ou trois grosses perles de geisha. En ce cas, portez une culotte fermement élastiquée et vérifiez régulièrement la solidité du lien car, s'il se rompt en public, vous récupérerez des perles mais vous perdrez votre superbe. Pensez aussi à les compter avant leur introduction car, nonobstant le côté farce, un corps étranger oublié dans le vagin ou le rectum peut provoquer de graves problèmes infectieux.

Les doigtiers chinois. Ce sont des doigtiers en latex semblables à ceux utilisés par les médecins lorsqu'ils effectuent un toucher vaginal ou rectal. Les doigts chinois sont proposés en plusieurs couleurs et formes : lisses, rainurés ou hérissés de picots, l'objectif est d'intensifier toutes les manœuvres habituellement exécutées par les doigts.

Les menottes érotiques. Conçues sur le même principe que les menottes des policiers, elles servent à retenir le ou la partenaire en lui attachant les poignets ou les chevilles aux montants du lit ou aux accoudoirs d'un fauteuil. Heureusement, celles-ci sont en dentelle, taffetas, tulle, fourrure ou autre matières fragiles.

Maquillage et lingerie comestibles. Ils complètent votre amusante panoplie de merveilleuse partenaire sexuelle. Vous trouvez trop simplistes le maquillage chocolaté, le string et soutien-gorge tissés en bonbons ? Seul compte le jeu que vous instaurez avec l'autre et toute surprise vaut mieux que la routine ? Réalisez vous-même un maquillage corporel comestible : avec un pinceau trempé dans du chocolat fondu, dessinez sur votre corps de fines lianes le long du trajet que votre homme léchera pour votre plus grand plaisir. Très douée, peignez-vous des dessous en trompe-l'œil à l'aide d'un pinceau. Pour épargner la literie, remplacez le chocolat par des craies de pâte comestible ou fabriquez des guirlandes de bonbons ou de petits biscuits apéritifs dont vous vous ceindrez le cou, les poignets, la taille et les chevilles.

Les cache-seins ou nippies. Ces autocollants de formes diverses (étoiles, cœurs, fleurs, etc.) se fixent sur les mamelons. Ultimes vêtements avant la nudité, ils agrémentent aussi les seins sous un décolleté trop plongeant ou à la plage.

Le string pénétrant. Ce bijou érotique en forme de coquillage épouse l'anatomie du pubis et du vagin puisqu'il se termine par un doigt à introduire. Monté sur un lacet comme n'importe quel string, mais réalisé dans une matière brillante comme un bijou (plastique recouvert de peinture métallisée), il stimule intimement et gracieusement.

Le string à lacets. Monté sur un lien, il épouse le pubis, mais laisse la vulve libre. Très excitant à regarder (il existe en matière bijou), il l'est aussi à porter en raison de la pression exercée de part et d'autre de la vulve qui augmente la sensation de nudité, surtout sous une jupe ou une robe.

L e **sex-shopping à domicile.** Pour celles qui hésitent à faire au grand jour leur sex-shopping, les après-midis ou les soirées de démonstration de jouets sexuels à domicile fonctionnent sur le même principe que la vente à domicile des célèbres boîtes américaines en plastique. Rendez-vous pris avec la représentante, les copines se rassemblent chez l'une d'elles autour d'un brunch, d'un thé ou d'un apéritif. La vendeuse présente sa collection de sex-toys, vous en explique le principe et le maniement, et vous propose également une collection de lingerie affriolante. Bonne occasion de vous déniaiser puisque, les confidences allant bon train, vous découvrez et apprenez quantité de choses sur les autres, donc sur vous-même. En plus, ces réunions sont généralement très, très gaies!

J ouez **à deux.** Chaque année, de nouvelles créations voient le jour. Les progrès techniques présentent d'énormes avantages, on l'a vu, et un inconvénient majeur puisque, infatigables et soumis à votre fantasmagorie, les sex-toys sont infiniment plus performants qu'un homme de chair et d'esprit. Le risque est grand, à la longue, de préférer l'objet... Alors, au lieu de dissimuler votre jouet favori, parlez-en avec votre homme ! Pour vous satisfaire, il acceptera peut-être de manœuvrer lui-même le godemiché dans votre vagin. Le jouet devient celui du couple ; après une journée épuisante, l'homme peut préférer s'en remettre à « sa doublure » pour offrir du plaisir à la femme.

Privilégiez la qualité. S'il ne se substitue pas à une bonne sieste crapuleuse en duo, le jouet sexuel est pratique en cas de nerfs à vif ou de lecture licencieuse. C'est un précieux adjuvant pour les couples endormis par la routine ou affaiblis par une maladie. S'il est accessible à tous les prix, préférez la qualité : un système électrique défectueux peut vous laisser haletante et frustrée. Mal manufacturé, il peut être dangereux : la nature du matériau, la composition des pigments, les aspérités mal façonnées sont autant d'armes redoutables pour une muqueuse fragile. Puisque, désormais, de grands couturiers élargissent leur champ de création aux jouets sexuels, profitez-en pour vous en offrir un qui soit à la fois efficace, sécurisé et esthétique. Les étuis de rangement sont devenus si élégants que, si votre sac à main se renverse au restaurant, vous n'aurez pas à rougir. D'autant qu'il existe des modèles de sex-toys de voyage ou de poche. Conçu comme un tube de rouge à lèvres, l'un d'eux vous offrira de petites vibrations très plaisantes à l'insu de tous au bureau, au restaurant, dans l'avion, etc.

> *Infatigables et soumis à votre fantasmagorie, les sex-toys sont infiniment plus performants qu'un homme de chair et d'esprit. Le risque est grand, à la longue, de préférer l'objet...*

En revanche, évitez d'offrir à votre homme le fameux Fleshlight… L'idée de le présenter dans une canette à bière ou à soda était amusante, sauf que c'est la canette elle-même qui est aménagée en fourreau destiné à accueillir un pénis impatient. L'utilisateur à plutôt intérêt à ne pas se regarder en pleine action car le spectacle des allers-retours frénétiques de cette canette agitée devant la braguette ouverte peut faire passer définitivement l'envie de se masturber.

Chapitre 5

Quand la médecine
s'en mêle

Faire l'amour et bien jouir, c'est partager un grand moment d'abandon et d'insouciance sans craindre d'attraper une MST ou un bébé par accident. Vibrer de plaisir, oui! Trembler devant un test de grossesse ou se condamner à mort, non! Reste à choisir sa méthode.

LA CONTRACEPTION

Seule méthode contraceptive tolérée par la religion après l'abstinence, le coït interrompu est certes la plus naturelle des contraceptions, mais le résultat est bien est trop aléatoire pour garantir son efficacité. Le retrait suppose que l'homme sente les prémisses éjaculatoires et retire à temps son pénis du vagin car, avant l'éjaculation, il émet un liquide séminal souvent porteur de spermatozoïdes pressés. Même s'il sent, ressent et pressent avec discernement ce qui se passe dans son bas-ventre, il n'acceptera pas longtemps de se maîtriser; puisque la jouissance matérialise un instant d'abandon total. Enfin, cette méthode ne protégeant aucunement des MST, méfiez-vous de ses adeptes.

Les méthodes réversibles et naturelles. Pour protéger les organes génitaux contre l'introduction de diaphragme ou de stérilet, préserver la lactation, repérer le retour de la fécondité après l'accouchement ou par conviction religieuse, des femmes choisissent d'éviter les rapports sexuels aux périodes fertiles. Ceci implique un cycle menstruel régulier, l'absence d'infection vaginale qui gêne l'observation du cycle, l'absence de traitement médicamenteux susceptible de modifier la température basale et la glaire cervicale, une organisation sans faille et, surtout, un homme respectueux de ce calendrier intime.

La méthode Ogino. Le jour et l'heure du premier jour des règles, pour chaque cycle, sont notés pendant une année pour s'assurer de la régularité et de la durée des cycles. Le plus court détermine la période féconde : si le cycle court est de 24 jours, l'ovulation se produira entre le neuvième et le quinzième jour du cycle. Cette méthode est réservée aux cycles menstruels parfaitement réguliers car, compte tenu de la survie des spermatozoïdes, il faut éviter les rapports non protégés depuis le deuxième jour jusqu'à l'arrivée des règles. En pratique, Ogino a contribué à remplir les maternités !

La méthode des températures. Pour déterminer la période d'ovulation, la température prise chaque matin avant le lever est notée sur papier millimétré (1 mm = 1 °C). La température basale s'abaisse au début de l'ovulation, puis s'élève ensuite, mais mieux vaut soumettre cette courbe à un médecin pour déterminer la période féconde probable.

La méthode Billings. Elle est basée sur le prélèvement (par l'introduction d'un doigt dans le vagin) et l'observation quotidiens de la glaire cervicale. Si celle-ci est collante et épaisse, elle signale une période infertile ; claire, gluante et glissante (afin de faciliter le déplacement des spermatozoïdes), elle annonce que la période est féconde.

La méthode sympto-thermique. C'est la méthode contraceptive naturelle la plus complète puisqu'elle est la synthèse des autres. En relevant chaque jour, sur une page de cahier, la température, les dates des règles ou l'aspect de la glaire cervicale et les variations hormonales de l'urine, vous cernez au plus près votre période féconde.

Les méthodes réversibles non hormonales. Elles créent des barrières physiques ou chimiques qui empêchent le sperme de l'homme d'entrer en contact avec l'ovule.

Le préservatif masculin. À condition de respecter sa date de péremption, l'étanchéité de l'emballage protecteur (le préservatif oublié dans la poche du jean doit être jeté !) et d'éviter vaseline, huile de massage ou autre matière grasse qui en altéreraient l'intégrité, ce fin fourreau extensible en latex (polyuréthane pour les partenaires allergiques au latex) protège à la fois de grossesses non désirées et d'infections sexuellement transmissibles.

Dès que le pénis s'érige, pincez le bout du préservatif (la présence d'air gêne le stockage du sperme et peut provoquer la rupture du latex), puis déroulez-le sur le pénis comme un bas sur une jambe. La plupart sont vendus déjà lubrifiés, mais on peut ajouter du lubrifiant à base d'eau sur le préservatif une fois enfilé. Au cours du rapport, vérifiez la bonne tenue du préservatif sur le pénis et, rapidement après l'éjaculation, avant que son pénis ne se ramollisse, l'homme doit le maintenir fermement par la base et le sortir de votre vagin. Même s'il n'y a pas eu d'éjaculation, il doit être jeté après chaque rapport (le préservatif, pas l'homme!).

Le préservatif féminin. Petit sac en polyuréthane dont le volume est celui d'un pénis érigé, il se place dans le vagin (veillez à ce que vos ongles n'accrochent pas) jusqu'à huit heures avant un rapport, afin de le protéger de l'invasion du sperme en direction d'un éventuel ovule, ou dans l'anus pour garantir contre la transmission d'une MST. Un anneau flexible au fond de ce préservatif en assure le placement sur le col utérin, tandis qu'un autre le maintient ouvert à l'entrée du vagin. Très utile si l'homme a oublié de se couvrir, il ne faut pas l'utiliser en même temps que le préservatif masculin, sous peine de déchirure. D'une main, ouvrez les petites lèvres du vagin (ou l'anus); de l'autre, comprimez l'anneau du fond du préservatif, que vous introduisez jusqu'à ce que l'anneau d'ouverture se place à 1 ou 2 cm de l'entrée du vagin ou de l'anus (à l'extérieur). Après le rapport, retirez le préservatif en maintenant fermement l'anneau extérieur et jetez-le.

Le diaphragme. Ce fin capuchon concave en latex empêche l'accès du sperme à l'ovule en fermant mécaniquement le col de l'utérus. Il ne doit jamais être en contact avec de l'huile ou de la vaseline! Inefficace contre les MST, il est réservé à celles qui sont sûres de la santé de leur partenaire. Il est contrindiqué en cas d'altération ou infection de la muqueuse vaginale, d'inflammation des trompes de Fallope ou des ovaires et d'anomalie anatomique du vagin ou du col de l'utérus. Tapissez l'intérieur du diaphragme d'un produit spermicide et introduisez-le au fond du vagin, partie convexe vers le bas, en pressant ses extrémités entre deux doigts, jusqu'à ce qu'il recouvre parfaitement l'entrée du col de l'utérus. Après le rapport sexuel, vous le gardez 8 à 10 heures (ou plus, à condition d'injecter en plus un produit spermicide au fond du vagin au moins toutes les 2 heures). Pour l'enlever, appuyez l'index sur le bord du diaphragme et glissez le majeur dessous pour le soulever et le tirer. Nettoyez-le avec un savon sans phosphate, séchez-le à l'air, saupoudrez-le d'amidon pour éviter toute humidité, puis rangez-le dans son boîtier, à l'abri de la chaleur. Vérifiez-en régulièrement l'intégrité en le regardant devant une lumière vive.

Le contraceptif Léa. C'est un diaphragme muni d'une valvule unidirectionnelle qui permet le passage de l'air afin de le ventouser, donc de le maintenir bien en place. Une boucle en facilite le retrait.

Le stérilet. Placé dans le corps de l'utérus en fin de règles ou juste après un accouchement ou un avortement, ce dispositif intra-utérin (DIU) en plastique et en cuivre, en forme de T, empêche la fécondation de l'ovule (sans protéger des MST). Sa durée d'efficacité est de 3 à 5 ans. Il est contre-indiqué dans les cas suivants: grossesse en cours, cancer de l'utérus, allergie au cuivre, fibrome, règles abondantes, saignements vaginaux hors périodes de menstruation, infection pelvienne, MST, gêne physique ou psychologique. Les fils de retrait permettent de vérifier, à la fin des règles, que le stérilet reste bien en place. La moindre anomalie (saignements intempestifs, gêne, pertes, etc.) doit faire l'objet d'une consultation médicale.

Le spermicide. Cette substance chimique tue les spermatozoïdes ou les rend impuissants à féconder un ovule. On lui reconnaît un certain pouvoir protecteur contre des infections sexuellement transmissibles. Crème ou gel avec applicateur, mousse, éponge imbibée, suppositoire ou film, il peut être mis en place discrètement par la femme sans que le partenaire en soit averti. Le spermicide optimise toute contraception complémentaire. Il peut cependant provoquer une irritation vaginale ou un écoulement intempestif du produit (n'utilisez que la dose prévue). En plus de bloquer et d'emprisonner les spermatozoïdes à l'entrée du col de l'utérus, l'éponge peut rester dans le vagin cinq à six heures avant le rapport sexuel et doit y demeurer plusieurs heures après.

L es méthodes réversibles hormonales. Ces méthodes empêchent les ovaires de libérer des ovules, même en période supposée féconde.

La pilule contraceptive. Prescrite par un médecin après examen et analyses sanguines, son principe actif est constitué d'un progestatif et d'œstrogènes (à l'exception d'un type de pilules qui ne comporte qu'un progestatif) qui empêchent la libération d'ovules par les ovaires et épaississent la glaire cervicale, rendant difficile la progression du sperme vers le col de l'utérus. Enfin, en amincissant la muqueuse utérine, la pilule empêche l'ovule de se fixer à la paroi utérine. Sa prise doit être régulière. Si vous débutez ou avez interrompu le traitement, l'efficacité n'est garantie qu'à partir du deuxième cycle. Les effets contraceptifs sont très diminués en cas de prise d'antibiotiques, d'antiacides et autres médicaments, dont le médecin prescripteur doit vous fournir la liste.

En plus d'avoir libéré déjà trois générations de femmes, d'être gérable en toute discrétion et de réguler les cycles et le flux menstruels, la pilule présente l'énorme avantage d'autoriser une sexualité spontanée : rien à prévoir, aucun objet à mettre en place « avant ». En revanche, elle demeure controversée par ses effets indésirables réels ou supposés : céphalées, gonflements, nausées, douleurs mammaires, libido endormie, formation de caillots sanguins, hypertension, accidents vasculaires, apparition de tumeurs malignes, etc. Elle nécessite d'être complétée par le préservatif en cas de rapports non sûrs.

Le timbre contraceptif. Il agit comme la pilule, à cette différence près que le contraceptif est diffusé par voie percutanée, par l'intermédiaire d'un timbre (patch).

La médroxyprogestérone. Interdit aux femmes enceintes, ce progestatif empêche la libération des ovules par les ovaires. Administrée par injection toutes les 12 semaines, au plus tard 5 jours après le début des règles ou après un avortement ou un accouchement. Il présente l'avantage de garantir 12 semaines d'insouciance entre deux injections, mais ses inconvénients sont sombreux : cycles irréguliers (voire aménorrhée), saignements fréquents, prise de poids, céphalées, ballonnements, nausées, douleurs mammaires, hypertrichose, alopécie, déminéralisation, etc. Inefficace contre les MST, ce contraceptif doit être complété par le préservatif.

Les implants de progestatif. Juste après une IVG ou un accouchement, de minces bâtonnets sont implantés (sous anesthésie locale) sous la peau, sur la face interne du bras de la femme. Semblable aux hormones qui régulent le cycle menstruel, le progestatif diffusé par ces bâtonnets prévient toute grossesse pendant 5 ans. C'est une contraception optimale, sans risque d'oubli et rapidement réversible, qui engendre en outre une diminution des douleurs de règles. Pour les inconvénients, ce sont les mêmes que ceux de la pilule, plus quelques douleurs au moment du retrait.

L**a contraception d'urgence.** Elle peut être utilisée pour éviter une grossesse non souhaitée après un rapport sexuel non protégé ou mal protégé (préservatif percé, diaphragme déplacé ou tout autre échec d'une quelconque méthode contraceptive).

La pilule du lendemain. Cette pilule contraceptive d'urgence (PCU) contient des œstrogènes et un progestatif ou uniquement un progestatif, mais à haute dose. Elle provoque les mêmes effets que la pilule (ovulation bloquée, muqueuse utérine altérée) et permet de « rattraper » une contraception inefficace, avec, toutefois, un taux de réussite moindre. De même, elle n'arrête pas une grossesse en cours. Elle est généralement administrée en deux prises : la première le plus vite possible après un rapport sexuel sans contraceptif, la seconde 12 heures après. Elle peut provoquer nausées, vomissements, saignements, crampes et douleurs mammaires. Si les règles ne sont pas revenues après les trois semaines qui suivent le rapport non protégé, consultez un médecin.

Le dispositif intra-utérin post-coïtal. Le DIU recourt à un stérilet qui doit contenir au moins 350 mm² de cuivre et être mis en place en milieu médical dans les 100 heures qui suivent un rapport non protégé. Il peut provoquer une forte inflammation de l'endomètre (paroi utérine interne), qui réagit violemment à la présence de ce corps étranger. En plus de son action spermicide, cette réaction inflammatoire empêche la nidification de l'ovule sur l'endomètre. Son efficacité est quasi totale ; toutefois, ce dispositif ne protège pas contre les MST. Au contraire, certaines femmes, qu'une activité sexuelle régulièrement non protégée rend vulnérables à une éventuelle contamination par des MST, risquent de développer une grave infection pelvienne après la pose de ce stérilet.

L**es méthodes définitives.** Leur réversibilité est néanmoins possible, mais difficile et sans garantie de résultat. Il importe donc d'en connaître les risques avant d'opter pour une contraception définitive. En cas de regret (nouvelle vie, nouvelles envies), les femmes et les hommes qui les ont choisies auront du mal à revenir sur leur décision.

La ligature des trompes. Elle est à la femme ce que la vasectomie est à l'homme : une stérilisation chirurgicale effectuée sous anesthésie. Une incision au-dessus de la toison pubienne permet de sectionner et de ligaturer les trompes de Fallope par acte direct ou par laparoscopie. Le taux d'échec est minime mais, si une ligature a été mal réalisée, il y a risque de grossesse extra-utérine, donc de développement du fœtus dans une des trompes de Fallope. Comme la vasectomie, la ligature des trompes peut être réversible, mais sans garantie de résultat. Mieux vaut réfléchir longtemps avant de choisir cette contraception !

LES MALADIES SEXUELLEMENT TRANSMISSIBLES

Ce n'est pas parce que ce sujet est abordé à la fin du livre qu'il faut le traiter par-dessus la jambe. Certaines de ces maladies sont parfaitement curables, moyennant une abstinence passagère et l'ingestion d'antibiotiques ; d'autres peuvent provoquer des dégâts irréversibles, notamment sur la fécondité ; d'autres encore menacent votre vie.

Autrefois considérées comme honteuses puisque la sexualité l'était, ces maladies ont désormais droit de cité dans nos conversations. Il appartient à chacun d'en parler ouvertement à l'autre avant même de devenir des partenaires sexuels. Commençons par la plus grave.

L e sida. Parfois jugulable, le sida (syndrome d'immunodéficience acquise) ne se guérit toujours pas. Trop souvent on entend : « Le sida, c'est dépassé ; on en guérit » ou : « De toute façon, mon homme, je peux lui faire confiance. » Accordez votre confiance à l'homme après deux tests négatifs à six mois d'intervalle et à condition de ne l'avoir jamais lâché des yeux… Un seul rapport sexuel avec une personne contaminée, souvent à son insu, transmet cette épouvantable maladie. Ceux qui contaminent volontairement les autres sont moins nombreux que ceux qui, à la suite d'une étreinte fugace et non protégée, sur le capot d'une voiture au sortir d'une boîte de nuit, ont attrapé le virus et l'ignorent.

Tordons ici le cou à quelques idées reçues…

❍ *Cette maladie touche essentiellement les homosexuels.* Non ! Si la maladie a commencé par eux, c'est parce que l'anus est plus fragile qu'un vagin, donc plus exposé aux abrasions blessantes.

❍ *La salive peut transmettre le virus.* Non. À ce jour, seul le sang ou les sécrétions sexuelles contiennent le virus HIV.

❍ *Il faut avoir des contacts répétés pour être contaminé.*
Non! Un seul rapport suffit…

❍ *Le sexe oral ne comporte pas de risques.* Si! Il suffit
d'une petite érosion de la muqueuse buccale ou de la gen-
cive pour qu'une fellation ou un cunnilingus deviennent
mortels.

Les manifestations de la maladie. Une impression de
malaise, de fatigue et souvent des ganglions au niveau du
cou, des aisselles et de l'aine apparaissent environ trois
semaines après un rapport non protégé. Cette phase peut
être discrète au point de passer inaperçue, et le virus peut
rester longtemps tapi avant de se manifester par des infections multiples, graves et récidivantes.

Au moindre doute (rapport non ou mal protégé, déchirure d'un préservatif, préservatif détaché de la verge, etc.),
plutôt que de vivre dans l'anxiété, rendez-vous dans un
centre de dépistage. Si le résultat est négatif, un nouveau
prélèvement sera effectué trois semaines plus tard. Le résultat doit être à nouveau négatif pour confirmer la non-infes-
tation. En cas d'exposition avérée, un traitement préventif
immédiat peut permettre d'éviter l'infection réelle. Sinon,
c'est un traitement à vie d'une association de médicaments
dont les effets secondaires sont très importants.

Faire l'amour sans craindre le sida. La seule solution est
de recouvrir le pénis convoité avec un préservatif d'excellente qualité et de veiller à ce que, avant la période réfractaire, l'homme ressorte le pénis toujours protégé de l'orifice
où il vient de prendre du plaisir. Si c'est vous qui employez

un préservatif féminin, assurez-vous de sa parfaite adhésion à la fin du rapport sexuel.

La **syphilis.** Propagée par des personnes contaminées principalement lors de voyages en Afrique et en Asie du Sud-Est, elle se manifeste au début par une ulcération rose et indolore de la muqueuse buccale, vaginale, anale ou du gland. Au moindre doute, il faut consulter pour recourir éventuellement à un traitement antibiotique précoce. Là encore, le préservatif met les partenaires à l'abri de graves désagréments. Un certain sens de la responsabilité implique aussi de les en avertir avant de s'en approcher intimement...

L'**hépatite B.** Ce virus est transmis, entre autres, par voie sexuelle (sperme, sécrétions vaginales, sang). Fatigue inhabituelle, léger jaunissement de la peau et urines foncées en sont les premiers signes. Le dépistage est réalisé par une analyse de sang (vérification des immunoglobulines). Seule une vaccination permet préventivement d'être à l'abri de cette infection, pour le moment incurable.

L'**herpès génital.** Ce virus peut être présent dès la naissance (transmis par la mère) ou attrapé lors de contacts sexuels avec une lésion virulente. La primo-infection se traduit par de la fièvre, des douleurs musculaires pelviennes, un prurit et une sensation de brûlure inguinale à la miction. Le virus se manifeste par une démangeaison sur la zone, qui rougit, gonfle et se couvre de petites vésicules. Il faut attendre 5 à 6 jours pour que celle-ci sèchent et s'aplanissent, jusqu'à ce que la lésion disparaisse pratiquement. Ni les lésions ni la maladie ne disparaissent cependant jamais complètement ; à la première occasion (fatigue, stress), le virus se manifeste de nouveau, et de préférence au même endroit. Là encore, le préservatif évite la transmission mais, en plus du préservatif, il faut veiller à ne jamais être en contact direct avec une lésion herpétique située sur une zone non sexuelle. L'éther sulfurique a longtemps été employé pour assécher la lésion mais il est aujourd'hui remplacé par une application locale d'Aciclovir.

La blennorragie. Plus connue sous le nom de « chaude-pisse » du fait des brûlures intenses ressenties par l'homme contaminé lorsqu'il urine, cette infection est due au gonocoque, un bacille transmis lors d'un rapport sexuel non protégé. Si douleurs et écoulement purulent au niveau du méat urinaire avertissent l'homme de l'infection, les banales pertes vaginales passent inaperçues chez la femme. Un traitement antibiotique en une seule prise massive permet de guérir cette infection.

Le molluscum contagiosum. C'est un bouton pâle, ombiliqué (déprimé) en son centre, sur lequel la pression provoque un écoulement de caséum blanc. Le moindre contact au cours d'un rapport sexuel le transmet au partenaire. Il se traite par cryothérapie ou curetage. Il peut disparaître en 6 à 12 mois mais, entre-temps, en cas de contact direct, la contagion continue.

Les condylomes. Dues à des papillomavirus, ces verrues infectieuses se développent au niveau du vagin, du col de l'utérus et de l'anus pour la femme, au niveau de l'anus, du gland, du frein, du prépuce, du méat et surtout du sillon balano-préputial chez l'homme. Le condylome se traite par des applications d'azote liquide ou par l'exérèse au laser.

Le plus souvent dues à des papillomavirus, les condylomes acuminés, ou crêtes-de-coq, apparaissent surtout sur la zone génito-anale. Généralement blanchâtres ou rosés, ils peuvent être suintants et malodorants. Leur possible association au développement d'un cancer les rend particulièrement pernicieuses. La transmission s'effectue par voie sexuelle mais, comme leur période d'incubation varie de quelques semaines à plusieurs mois, les crêtes-de-coq peuvent apparaître sur des personnes qui n'ont pas eu de rapport sexuel depuis presque un an. Le traitement consiste en des séances de laser, de cryothérapie, parfois de chimiothérapie ; on recourt même, dans certains cas, à l'ablation chirurgicale. La prévention des condylomes passe par le préservatif.

La prévention des condylomes passe par le préservatif, mais aussi le sens moral de celles et ceux qui, se sachant porteurs, vont faire en sorte de ne pas les transmettre…

Les chlamydioses. Favorisées par la multiplication des partenaires sexuels autant que par la discrétion de leurs manifestations, les infections à chlamydiae peuvent causer des dégâts irréversibles dans les canaux de la reproduction. Les symptômes sont des sensations de brûlure à la miction (c'est-à-dire quand vous urinez) et une leucorrhée (écoulement vaginal non sanguin) pour la femme, un écoulement urétral clair et visqueux avec démangeaisons et douleurs testiculaires pour l'homme. Le traitement repose sur les antibiotiques (tétracyclines ou macrolides) pendant 10 à 20 jours, selon la gravité de l'infection. Il s'étend aux partenaires sexuels susceptibles d'avoir été contaminés. La prévention, là encore, passe par le préservatif.

Autre forme de chlamydiose, la lymphogranulomatose vénérienne (ou maladie de Nicolas Favre) atteint essentiellement les personnes qui séjournent en région tropicale, ainsi que les homosexuels masculins. La lésion génitale primaire se manifeste sous la forme d'une ulcération indolore qui guérit en quelques jours, alors que l'adénopathie inguinale se manifeste par la suppuration, la fistulisation et enfin la cicatrisation rétractile. Les complications locales graves sont traitées par tétracyclines ou macrolides.

LA CHIRURGIE SEXUELLE

En dehors des chirurgies de réassignation sexuelle, qui concernent spécifiquement la transsexualité et certains cas d'hermaphrodisme, la chirurgie sexuelle répond à des exigences très diverses.

Sous couvert de tradition culturelle ou religieuse, l'on continue d'amputer gravement de très jeunes filles ; par la douleur de l'excision à vif ou de l'infibulation, des millions de petites filles expient leur faute (être des petites filles). Par la privation de plaisir clitoridien, on leur retire toute tentation de plaisir, même onanique. Culture et tradition exigent de même que l'on taille – à vif aussi – des millions de prépuces. Est-ce parce qu'il est aussi question d'hygiène que si peu de garçons osent ensuite s'en plaindre ? Enfin, sous le joug d'une inavouée mais persistance féodalité masculine, de très jeunes femmes – vierges pour la plupart – affligées d'un hymen trop fragile ou à l'orifice naturellement large en subissent la reconstruction afin d'arborer, le moment venu, la sanguinolente preuve de leur virginité *et* de la puissance du mari.

Tout aussi exigeante est la mode du jeunisme. Pourtant libérées par deux guerres mondiales et deux Simone (Simone de Beauvoir et Simone Weil), des femmes modernes dotées de leur libre arbitre choisissent la réduction des nymphes pour un vestibule plus juvénile, le *filling* (injection de graisse prélevée sur la patiente) des grandes lèvres pour apparaître à l'homme en état de désir permanent, le gonflement des mamelons, voire du point G, histoire d'en faciliter l'accès. Et, à l'heure de l'*after-briefing* ou de l'*after-shopping*, elles se confessent : « T'en es contente, de ton *filling* ? Moi, j'ai la grande lèvre boursouflée à droite, même que ça se voit sous mes leggins… » « Ah ? Alors je vais attendre un peu pour mes bouts de seins. Jean-Paul a beau dire, vaut mieux deux invaginations qu'un match de ping-pong dans le soutif, non ? » Et tout ça avec le sourire… Courageuses! Il faut l'être en effet pour articuler sa pensée entre une demi-seringue de Botox et 20 cm³ de silicone. Il est vrai que la bouche est un organe, sinon sexuel, du moins sexué; certains sourires féminins en sont devenus presque indécents.

On peut en rire. On peut en pleurer aussi car, ces zones érogènes primaires étant très richement pourvues en terminaisons nerveuses capteurs de plaisir, toute intervention en modifie les perceptions sensorielles.

La chirurgie du point G. Elle est envisagée en cas d'anorgasmie vaginale. L'atrophie du tissu érectile de la « prostate féminine » peut être congénitale ou consécutive à une baisse hormonale. Insuffisamment renflée, cette zone étant moins réactive, le plaisir est moindre. Le praticien pallie cette défaillance anatomique en y injectant une substance de comblement (collagène préalablement prélevé sur la femme ou acide hyaluronique). Bien que ces injections aient une efficacité anatomique limitée dans le temps, peu de patientes réitèrent l'intervention parce que, pendant la période où le tissu est resté gonflé, donc réactif, elles ont généralement eu le temps d'identifier cette zone précise enfin éveillée et d'en mémoriser les ressources. À mesure des échanges sexuels avec leur partenaire, les sensations reçues successivement, en se surajoutant, ont suffisamment colonisé un nouveau réseau neuronal pour qu'elles continuent de vivre ces sensations.

La nymphoplastie. L'opération consiste à réduire la taille des petites lèvres en retirant le tissu cutané et muqueux en excès, notamment en cas d'hypertrophie congénitale ou consécutive aux grossesses. Hélas, la nymphoplastie peut être aussi demandée par un partenaire qui a trop souvent contemplé les vulves juvéniles offertes sur le papier des magazines X…

La chirurgie du prolapsus. Cette opération est proposée lorsque la rééducation périnéale se révèle insuffisante à pallier l'effondrement du plancher pelvien sous le poids de l'utérus, de la vessie et du rectum. Des accouchements difficiles, un travail en station debout et la ménopause, entre autres, affaiblissent les muscles, ligaments et fibres au point que, parfois, l'utérus est visible à l'entrée de la vulve. Dans les cas les plus invalidants, l'acte chirurgical consiste à insérer une sorte de filet sous la vessie.

La chirurgie réparatrice de l'excision. Le Dr Pierre Foldès, inventeur de la méthode, explique que cette intervention est rendue possible par le fait que, lors de l'excision, seule la partie externe du clitoris est retirée (ablation du capuchon et du bouton clitoridien). Les 8 ou 9 cm de la partie interne sont laissés intacts. L'infibulation, malgré la résection de la hampe du clitoris et des petites lèvres, et la suture des grandes lèvres, préserve également la partie interne du clitoris.

L'opération de reconstruction consiste d'abord à retirer la cicatrice d'origine, très souvent cause de douleurs importantes. Une fois les ligaments libérés, on repositionne la zone clitoridienne interne jusqu'à reconstituer un capuchon et un bouton clitoridiens apparemment normaux. Normaux et réactifs, grâce au travail de réinnervation.

Violentées dès l'enfance par les « bons soins » d'une vieille femme sourde à leurs cris et imperméable à leurs larmes, puis abandonnées avec fatalisme à leurs souffrances physiques, privées du droit de disposer de leur corps, d'en connaître les sensations, soumises aux tortures infligées par le sexe de leur homme (le but de l'infibulation est la minimalisation topographique du vestibule féminin pour l'optimisation sensitive du membre de l'homme), privées non seulement de tout plaisir sexuel mais de tout désir, telles sont les patientes privilégiées de cette nouvelle chirurgie réparatrice. Parmi les chirurgies sexuelles, celles qui visent à restituer à un individu son intégrité corporelle et sa liberté d'en jouir doivent être accessibles à toute victime de violence, notamment sexuelle.

> *Parmi les chirurgies sexuelles, celles qui visent à restituer à un individu son intégrité corporelle et sa liberté d'en jouir doivent être accessibles à toute victime de violence.*

HANDICAP ET VIE SEXUELLE

Qu'elle soit congénitale (agénésie) ou due à une maladie ou à un accident, la privation d'un ou plusieurs membres rend problématique la plupart des actes de la vie quotidienne, notamment les actes sexuels.

À Londres, sur un socle de Trafalgar Square, une statue en marbre blanc proclame la féminité, la beauté, l'amour et la maternité d'une femme bâclée par la nature. Alison Lapper en est le modèle et le sculpteur. Venue au monde avec une grande intelligence, un beau visage, beaucoup d'amour à donner et à recevoir, deux ébauches de jambes, pas de bras, l'avenir s'annonçait difficile... Cela a suffi pour qu'elle devienne cette femme rayonnante, cette artiste talentueuse, cette mère attentive. Or, pour devenir mère, Alison a été aimée ; son corps a été caressé, fécondé par un homme. Pas facile mais possible puisque sa zone génitale était anatomiquement préservée. Ce qui n'est pas toujours le cas. Pourtant, à condition de le vouloir vraiment, à condition aussi de savoir comment s'y prendre, une vie sexuelle est toujours possible. Différemment, voilà tout.

Les solutions médicales. Paraplégiques, tétraplégiques et blessés médullaires sont avant tout des hommes et des femmes. Amoindris par les accidents de la vie, ils ont soif et faim des mêmes nourritures spirituelles et terrestres que du temps où ils étaient valides. La médecine et la chirurgie les considèrent en urgence comme des squelettes à réparer, des fonctions vitales à maintenir. Pourtant, très vite, la question de la sexualité se pose, surtout chez les hommes. Après un accident gravement invalidant, une de leurs premières questions au médecin est : « Et pour ce qui est de ma vie sexuelle ? » Chez les femmes, les problèmes organiques consécutifs à une lésion de la moelle épinière n'influencent généralement ni le processus sexuel ni la fécondité. Une généreuse lubrification de la vulve, associée à de patientes caresses vagino-clitoridiennes et à une vraie stimulation psychique provoquent assez rapidement une excitation quasi orgasmique. Atteint d'une même lésion, l'homme souffre presque toujours de sérieux dysfonctionnements génito-urinaires.

Les premiers traitements proposés aux hommes sont, en plus des fameuses petites pilules bleues (Viagra), des substances médicamenteuses qui leur permettent de maîtriser le réflexe éjaculatoire. Ces molécules peuvent être administrées, selon les cas, par voie orale, par injections sous-cutanées, intraveineuses ou dans les corps caverneux de la verge, ce qui rend possible l'érection, donc le coït. Toutefois, l'éjaculation n'est pas tout de suite maîtrisable ; même au cours de la masturbation, elle se manifeste d'abord comme un acte réflexe. Cela peut être amusant un temps, mais sérieusement perturbant à long terme. Il est donc fort utile de compléter le traitement par des séances de rééducation sexologique.

> *Le handicap rend parfois problématique les actes sexuels. Pourtant, à condition de le vouloir vraiment, à condition aussi de savoir comment s'y prendre, une vie sexuelle est toujours possible.*

Il existe un vibreur électrique, utilisable chez soi, qui, positionné sur le frein du prépuce, peut susciter non seulement une éjaculation, mais également un orgasme. Au début, il s'agit plus précisément d'un para-orgasme, c'est-à-dire de la succession des manifestations habituelles lors d'un coït : la tension artérielle monte, les abdominaux se contractent, l'homme transpire, puis c'est la détente, l'apaisement. Quoique ressenti différemment de ce qui était vécu avant la maladie ou la blessure, l'éjaculation obtenue a un effet euphorisant et ce nouveau plaisir est appréciable.

Lorsque l'innervation de la zone génitale de l'homme et de la femme handicapés a été gravement endommagée, le plaisir sexuel demeure possible par transfert érogène : de même que, amputé des bras, l'on peut apprendre à écrire, dessiner et broder avec les pieds, le cerveau a la faculté de déclencher des réponses orgasmiques ailleurs qu'au niveau du sexe. Il suffit de stimuler plus longuement d'autres zones reconnues érogènes telles que la bouche, les oreilles, la nuque, les mamelons, la saignée du coude, l'intérieur du poignet, l'arrière des genoux, etc. (voir « Les zones érogènes potentielles », p. 76). Ces zones seront choisies en fonction de la localisation des lésions : en effet, il serait vain de stimuler l'arrière des genoux chez une personne blessée à partir de la douzième dorsale…

Cette stimulation périphérique est indissociable d'une vraie relation affective entre les partenaires. Les premières caresses et les premiers baisers donnés sur ces zones peuvent être vécus comme très frustrants et provoquer des réactions agacées. C'est bien naturel : l'ego a son mot à dire. Cependant, la patience, la détermination amoureuse et la répétition de ces manœuvres vont petit à petit apprivoiser les circuits nerveux jusqu'à obtenir, sur ces zones nouvelles, des réponses orgasmiques différentes mais parfaitement satisfaisantes.

La bouche : le meilleur des remèdes. Quand on n'a que l'amour et la bouche pour s'aimer, alors il reste l'essentiel : le baiser, qui peut devenir à lui seul un stimulateur formidable. Celui ou celle qui le donne émoustille trois sens très érotiques : l'odorat, puisque, en s'approchant pour embrasser, il capte l'aura olfactive de l'autre ; le toucher, puisque les lèvres sont pourvues d'une infinité de terminaisons nerveuses ; enfin le goût, unique au monde, de la peau de l'autre, de la muqueuse de l'autre. « Embrasser ce qui embrasse, n'est-ce pas la caresse la plus tendrement petite qu'on puisse trouver et le lien le plus étroit[1] ? » Celui ou celle qui reçoit le baiser ressent les mêmes émotions. Il suffit qu'une bouche effleure, suçote, lèche, mordille, avale et caresse un peu de l'autre pour que deux êtres se

---

1. Extrait *L'Enfer* de Henri Barbusse (1908).

rassemblent dans une danse émotionnelle. Une multitude de petits baisers stimulent la peau de l'autre. Entrecoupés de petits mots amoureux chuchotés qui stimulent l'ouïe et son cerveau émotionnel, ils participent à l'éveil de zones corporelles ignorées jusque-là. Tous les capteurs sensoriels sollicités alertent, par ricochet, d'autres zones éloignées du baiser, jusqu'à provoquer des ondes bienfaisantes dans toutes les parties du corps encore sensibles. Il faut patiemment déceler la zone la plus réceptive, qui peut être un poignet, une oreille, la nuque ou tout autre endroit du corps. Alors, le baiser se fait ici plus appuyé, plus intense, plus profond, à la façon d'un corps tout entier collé sur un autre. La langue devient sexe et pénètre, si ce ne peut être un vagin ou un anus, le moindre repli, le moindre orifice jusqu'à, finalement, lui offrir un orgasme. Pour cette sexualité buccale, comme pour tout autre mode de relation amoureuse, l'entraînement est primordial. Chaque émotion ressentie par le receveur et le donneur se surajoute à celles déjà ressenties auparavant. Petit à petit, le circuit neuronal s'y développe à la manière d'un muscle d'abord atrophié qui se regonfle et se tonifie.

Conclusion

Le plaisir roi

Quoi qu'en disent et en écrivent les sexologues, l'orgasme restera encore longtemps, dans l'esprit des humains, la preuve d'un acte sexuel réussi. Pourtant, l'orgasme n'est pas le pompon du manège. Il n'est pas obligatoire de le multiplier. L'amour étant probablement le dernier espace de liberté accordé aux humains, de grâce pour votre homme et pour vous-même, laissez tomber les performances!

À force de chercher obstinément l'orgasme du siècle, c'est-à-dire simultané, on en oublie de jouir du fabuleux plaisir d'être à deux, amoureux, et de partager un moment d'exception. Et n'oubliez pas que cette quête du Graal orgasmique crée une tension tellement inconfortable entre les deux partenaires que l'un d'eux (plus précisément la femme) finit un jour par simuler pour faire plaisir. Or, la simulation engendre la dissimulation, qui porte en elle-même le germe de la désaffection… L'orgasme, oui; l'obsession, non. La mécanique biologique autorise l'interaction entre les organes sexuels et les circuits neuronaux qui aboutissent à l'orgasme. Hélas et heureusement, cela ne suffit pas à garantir l'orgasme systématique. En plus d'un désir sincère entre deux partenaires, d'autres facteurs entrent en compte. La confiance, l'abandon et l'émotion jouent un rôle prépondérant. Pour en finir une fois pour toutes avec cette romantique et infantile mythologie, la simultanéité orgasmique est un cadeau rare que l'on doit savourer comme on contemple une étoile filante. Ce n'est pas une raison pour perdre de vue que le ciel vaut toujours qu'on lève la tête, même sans étoiles filantes.

Les moyennes, les enquêtes, les sondages qui paraissent dans les magazines font un tort considérable à la nécessaire insouciance. Moquez-vous des 70,83 % des femmes qui… ignorez les 14,26 % des hommes que… Vous êtes unique au monde, il est unique au monde, alors laissez-vous aller au gré de ses caresses, de vos envies, du temps qu'il fait dehors, de la musique…

Le plaisir existe hors orgasme. Il se nomme bien-être ; c'est une des formes du bonheur. Les mécanismes de la volupté sont si nombreux que, si l'on prend la peine de s'y attarder, on y découvre des richesses insoupçonnées. Si vous avez la chance, vous et votre homme, de disposer chacun d'un corps en bon état de marche, vous avez la malchance de trop compter dessus, de connaître si bien l'autoroute du plaisir que vous en oubliez les départementales et les chemins vicinaux. Ce confort physique vous prive de voluptés qu'il serait dommage de ne pas connaître. Pour vous convaincre tout à fait des trésors à redécouvrir, rappelez-vous la joie que vous avez éprouvée lorsque, après vous être cassé un bras ou vous être foulé une cheville, vous en avez retrouvé l'usage. Rappelez-vous surtout l'étonnante faculté d'adaptation qui vous a permis, momentanément, de contourner l'invalidité.

Apprenez ensemble et une fois pour toutes que « venir n'est pas jouir ». À vous de convaincre votre homme que si, bien sûr, tout ce qu'il vous fait de bon cœur est bon à recevoir, le minimum peut aussi suffire à votre béatitude. Vous serez étonnée de l'entendre dire : « Moi, c'est pareil. » Le va-et-vient rythmé a prouvé son efficacité au fil des millénaires, mais il est d'autres façons d'échanger de grandes joies physiques. Vous avez vu que l'amour immobile, par exemple, ouvre d'autres portes sur d'autres sensations. Essayez, vous découvrirez qu'une onde de désir peut s'apprivoiser, se dominer, se sublimer jusqu'à ce que vous en extrayiez la substantifique moelle, qu'on appelle, selon les circonstances, plaisir, jouissance, orgasme ou même bonheur.

L'instinct de s'unir, de construire et de se reproduire est tapi dans l'ombre de votre inconscient et, peut-être aussi, du sien ? Alors, l'avenir vous appartient, à condition de quitter le cœur de votre homme et son corps comme on quitte la table : en ayant encore faim. La réplétion noie d'inertie la machine à fantasmes et la routine anesthésie la joie. Avoir faim et garder l'habitude magique d'inventer sans relâche : voilà, finalement, le secret de l'amour toujours et du sexe sans cesse.

SUGGESTIONS DE LECTURES

Anthologie historique des lectures érotiques. De Guillaume Apollinaire à Philippe Pétain, 1905-1944, Jean-Jacques Pauvert, Stock, édition revue et augmentée, 1995.

Dictionnaire des œuvres érotiques, préface de Pascal Pia, 1971, rééd. Mercure de France.

« Dissertation sur l'origine, l'histoire et l'orthographe du mot godemiché », *Notes curieuses par Helpey, bibliophile poitevin, qui font suite aux Priapées de Louis Perceau,* 1920.

Quelques grands textes

Henri Barbusse, *L'Enfer*, 1905, rééd. Albin Michel.

Marius Boisson, *Anthologie universelle des baisers*, 1912.

Jean Claqueret, *Humiliations chéries*, 1930.

Colette, *L'Ingénue libertine*, 1908, rééd Livre de Poche.

Guido Crepax, *Justine*, Le Square, 1980 ; *Bianca*, Futuropolis, 1983.

Charles Derennes, *L'Éducation sensuelle*, 1928.

Léon Daudet, *L'Entremetteuse*, 1921, rééd. Flammarion.

Paul Géraldy, *Toi et Moi*, 1913.

André Hardellet, *Lourdes, lentes…*, 1973, rééd. Gallimard.

Louis de Landes, *Glossaire érotique de la langue française*, Bruxelles 1861.

Roger Martin du Gard, *Confidence africaine*, 1931, rééd. Gallimard.

Alexis Piron, *Ode à Priape*, 1730.

Pauline Réage, *Histoire d'O*, 1954, rééd. Le Livre de Poche.

Jules Romain, *Le Dieu des corps*, 1928, rééd. Gallimard.

Olivier Séchan, *Les corps ont soif*, 1942, rééd. Éditions du Rocher.

Épiphanie Sidredoulx (pseudonyme de Prosper Blanchemain), *Les Fanfreluches*, 1879.

Jean Spaddy (pseudonyme de Renée Dunan, 1892-1936), *Colette ou les amusements de bon ton*, réed. La Musardine ; *Dévergondages*, réed. La Musardine.

Gédéon Tallemant des Réaux, *Historiettes*, 1834.

Léon Treich (recueil établi par), *Histoires gauloises*, 1926.

Dominique Vivant Denon, *Point de lendemain*, 1777, réed. Mille et Une Nuits.

Quelques ouvrages de référence

Carola Beresford Cooke, Lucinda Lidell, Anthony Porter, Sara Thomas, *Le Massage*, Robert Laffont, 1987.

Dr Jean Valnet, *Aromathérapie. Traitement des maladies par les essences de plantes*, Librairie Maloine.

Jean-Didier Vincent, *Biologie des passions*, Odile Jacob, 1996.

Jacques Waynberg, *Le Dico de l'amour et des pratiques sexuelles*, Milan, 1999.

REMERCIEMENTS

Je remercie de tout cœur Hélène pour sa confiance, Sophie pour sa vigilance, Elisabeth pour son aide précieuse, Lucette et Marc, mes si chers lecteurs.

TABLE DES MATIÈRES

Cuisine

Bonne Cuisine (La), F. Bernard, n° 3920

Bonne Cuisine de nos grands-mères du Sud-Ouest (La), Guilhem, n° 3938

Bonnes Recettes de Mauricette (Les), M. Clément, n° 3927

Grand Livre de la cuisine provençale (Le), G. Gedda, n° 3937

Guide des vins bio (Le), Collectif, n° 3940

Guide des vins du monde (Le), H. Piot, n° 3939

Mes conseils pour garder la ligne… sans régime, Julie Andrieu, n° 2931

Recettes au quinoa, C. Dumay, n° 3931

Recettes de tradition, F. Bernard, n° 3921

SOS Cuisine, J.-P. Coffe, n° 3941

Enfants – Éducation

100 trucs que je déteste sur la grossesse, K. Konopicky, n° 3213

150 façons d'être une supermaman, S. Dazzo, n° 3214

10 000 prénoms du monde entier, P. Raguin, n° 3139

Adolescents, la crise nécessaire, Dr S. Clerget, n° 3189

Ados, comment les motiver, V. Acker, n° 3162

Aimer sans tout permettre, Dr F. Dodson, n° 3101

Au cœur des émotions de l'enfant, I. Filliozat, n° 3171

Bébé calme, C. Deacon, n° 3204

Bébé, dis-moi qui tu es, Dr P. Grandsenne, n° 3160

Bébé, raconte-moi tes premières fois, Dr P. Grandsenne, n° 3195

Bébé trucs, C. Pellé-Douël, n° 3179

Ce dont chaque enfant a besoin, Dr T. B. Brazelton, n° 3182

Cent histoires du soir, S. Carquain, n° 3175

Devenir père, Pr. R. Frydman et C. Schilte, n° 3218

Désir d'enfant, Pr. R. Frydman, n° 3223

Écouter et soigner son enfant, Dr M. Sznajder, n° 3206

Élever un garçon, S. Biddulph, n° 3180

Élever une fille, G. Preuschoff, n° 3211

Enfants trucs, C. Pellé-Douël n° 3179

Guide du jeune papa, M. Micucci, n° 3186

Itinéraire d'un nouveau-né, Dr E. Antier, n° 3163

Kilos ados, M. Belouze et Dr A. Cocaul, n° 3203

Mon bébé comprend tout, Dr A. Solter, n° 3156

Mon enfant a confiance en lui, A. Bacus, n° 3192

Mon enfant est précoce, C. Beylouneh, n° 3227

Mon enfant s'entend bien avec les autres, J. Cooper, n° 3217

Objectif : sage comme une image ! S. Baveystock et Dr T. Byron, n° 3215

Où accoucher en France, V. Lamour, n° 3208

Parents efficaces, Dr T. Gordon, n° 3102

Parents efficaces au quotidien, Dr T. Gordon, n° 3138

Père et son enfant (Le), Dr F. Dodson, n° 3100

Petit dyslexique deviendra grand, R. Duvillié, n° 3221

Planète maternage, C. Piraud-Rouet, n° 3222

Prénoms et origines, F. Le Bras, n° 3188

Pourquoi les aînés veulent diriger le monde et les benjamins le changer, M. Grose, n° 3205

Recettes pour bébé, Dr H. Bouchet et B. Vié, n° 3127

Loisirs – Jeux

Culture – Ésotérisme

Jardins – Animaux

Psychologie

Santé – Forme – Sexualité

Faire l'amour à un homme

_____

_____

_____

_____

_____

_____

_____

_____

_____

_____

_____

_____

_____

_____

_____

_____

_____

_____

Faire l'amour à un homme

_____

_____

_____

_____

_____

_____

_____

_____

_____

_____

_____

_____

_____

_____

_____

_____

_____

_____

_____

_____

Faire l'amour à un homme

_____

_____

_____

_____

_____

_____

_____

_____

_____

_____

_____

_____

_____

_____

_____

_____

_____

_____

_____

_____

Faire l'amour à un homme

_____

_____

_____

_____

_____

_____

_____

_____

_____

_____

_____

_____

_____

_____

_____

_____

_____

_____

_____

_____

_____

_____

_____

_____

_____

_____

_____

_____

_____

_____

_____

_____

_____

_____

_____

_____

_____

_____

_____

Imprimé en Allemagne par GGP Media GmbH

Dépôt légal juin 2009

ISBN : 978-2-501-06126-1

4050621/01